Beck'sche Schwarze Reihe
Band 88

HEINZ FRIEDRICH

Im Narrenschiff des Zeitgeistes

Unbequeme Marginalien

VERLAG C. H. BECK MÜNCHEN

ISBN 3 406 02488 2

Einbandentwurf von Rudolf Huber-Wilkoff, München

Druck: Georg Appl, Wemding
Printed in Germany

Inhalt

Vorbemerkung

Goethe hat den Zeitgeist, unter dem er nicht wenig litt, folgendermaßen gekennzeichnet: „Wenn eine Seite nun besonders hervortritt, sich der Menge bemächtigt und in dem Grade triumphiert, daß die entgegengesetzte sich in eine Ecke zurückziehen und für den Augenblick im stillen verbergen muß, so nennt man dieses Übergewicht den Zeitgeist, der dann auch eine Zeitlang sein Wesen treibt." In diesem Sinn wollen und sollen auch die hier vorgelegten Marginalien verstanden werden – allerdings mit dem Unterschied, daß einhundertundvierzig Jahre nach Goethes Tod so vornehm vom Zeitgeist nicht mehr gesprochen werden kann wie damals; heute nämlich treibt der Zeitgeist mehr Unwesen als Wesen, und das muß auch entsprechend deutlich gesagt werden.

Das heißt: die hier abgedruckten Marginalien sind polemisch. Sie entsprangen dem Unwillen ihres Verfassers über die unsägliche Verflachung des Denkens in unseren Jahrzehnten – eine Verflachung, die allerdings von denen, die sie in Anspruch nehmen, virtuos kaschiert wird. Die partielle menschliche Dummheit, deren Wegmarkierungen die Ideologen liefern, wurde noch nie so intelligent verteidigt wie heute: Wer einen ideologischen Standpunkt einnimmt, dem fliegen auch die Argumente zu, ihn zu rechtfertigen. Die mitgelieferten Scheuklappen bewahren vor dem Blick in die Weite, aber auch ins Differenzierte.

Der Verfasser fühlt sich außer der von Konrad Lorenz begründeten Verhaltensforschung zwei bedeutenden Köpfen verpflichtet: Goethe und Nietzsche. Der eine, Goethe, war der Lebenspraktiker, der andere, Nietzsche, der Lebenskritiker par excellence. Der eine gilt dem heutigen Zeitgeist als eine geschwätzige Hofschranze, der andere als praefaschistischer Reaktionär. So weit also hat es das „kritische Bewußtsein" unserer Tage bereits gebracht …

Auf diesem Niveau allerdings wird in den hier gesammelten Marginalien nicht gestritten, trotz deren feuilletonistischen Stils.

Er, der Stil, hat sich dem Zeitgeist vielleicht am ehesten angepaßt: Nur auf diese Weise konnten die angesprochenen Inhalte überhaupt dargestellt und mitgeteilt werden, ohne dem Verdikt anheimzufallen, sie seien aus Omas Häkeltäschchen hervorgeholt. Denn neu im modernen Sinn des „noch nie Dagewesenen" (und sei es auch Nonsens) sind alle hier vorgebrachten Gedanken kaum; im Gegenteil: sie reichen zurück bis zu den Vorsokratikern. Aber offenbar entfielen sie dem Gedächtnis der total informierten Menschheit, insbesondere der abendländischen. Insofern war es vielleicht nicht müßig, sie aus gegebenen aktuellen Anlässen wieder ins Bewußtsein zurückzurufen, nicht zuletzt in das kritische. Dabei läßt sich vielleicht feststellen, daß die anthropologischen Erscheinungsformen in zwei- oder dreitausend Jahren zwar erheblich variierten, daß die Genotypen jedoch beharrlich konstant blieben. Es vollzieht sich von Generation zu Generation die Wiederkehr des Gleichen im Gewand des Ähnlichen. Das sollte auch denen zu denken geben, die glauben, die Menschheit habe in der geschichtlichen Phase ihres Daseins über den frühzeitlichen Ausgangspunkt hinaus wesentliche Fortschritte erzielt.

Noch einmal sei Goethe zitiert, dieser – laut Martin Walser – widerliche Sprücheklopfer: „Ich bilde mir nicht ein", heißt es in den ‚Maximen und Reflexionen', „ich bilde mir nicht ein, daß ich recht habe, aber das weiß ich, daß ich auf das Rechte losgehe". Nun: auch der Verfasser dieser Marginalien bildet sich nicht ein, immer recht zu haben – aber auch er kann versichern, daß er nach bestem Wissen und Gewissen immer auf das Rechte loszugehen versucht, wodurch er sich das Leben keineswegs erleichtert.

Zum Schluß noch ein paar Hinweise und ein paar Worte des persönlichen Dankes. Nahezu alle Texte dieses Bandes wurden zuerst für die Reihe ‚Marginalien' des Bayerischen Rundfunks geschrieben und sind dort erstgesendet worden. Frau Dr. Mösler (Studienprogramm) hat sie dem Verfasser ganz im Sinne des Brechtschen Zöllners abverlangt. Ihr sei Dank für ihre freundschaftliche Beharrlichkeit, ohne die es dieses Buch nicht gäbe. Dank gilt aber auch Rudolf Bayr vom Österreichischen Rundfunk, der die Marginalien für die Reihe ‚Standort' übernahm.

Gedruckt erschienen die Texte jeweils im Feuilleton der Neuen Zürcher Zeitung; diese Publikationen lösten ein bemerkenswertes Echo aus – ein Echo, das dem Verfasser überdies manchen anregenden Briefaustausch mit seinen Lesern einbrachte. Um so nachdrücklicher fühlt er sich in Werner Webers freundschaftlicher Schuld.

Im Feuilleton der Deutschen Zeitung (Christ und Welt) erschloß sich dem Verfasser eine weitere publizistische Plattform, die hier mit einem Dank an Günter Schloz quittiert sei.

Die Beiträge werden in dem vorliegenden Buch in der Reihenfolge ihrer gedruckten Erstveröffentlichung ohne Berücksichtigung gelegentlicher Nachdrucke wiedergegeben. Dementsprechend liegt den Texten auch die Druckfassung und nicht die Funkfassung der einzelnen Beiträge zugrunde. Jedoch wurden auch diese Druckfassungen für das vorliegende Buch noch einmal redigiert, um vermeidbare Wiederholungen und Hinweise auf inzwischen verblaßte Tagesaktualitäten auszuschließen. Weder an der Tendenz noch an der Aussage der Marginalien wurde dadurch jedoch auch nur das Geringste geändert; auch wurde den Texten nichts hinzugefügt. Trotz dieser Redaktion blieben thematische Überschneidungen und Wiederholungen, soweit sie das Generalthema des Buches betreffen und variieren, erhalten. Wie sagt doch Mephisto zu Faust? „Du mußt es dreimal sagen!"

München, im Februar 1972 — Heinz Friedrich

1

Der Wohlstandsmensch denkt an sich selbst zuerst

Einleitende Bemerkungen für das Stammbuch der Ignoranz

Wider den Stachel des Zeitgeistes zu löcken war zu allen Zeiten ein schwieriges Unterfangen. Wer versucht, auf dem Jahrmarkt der öffentlichen Meinung einen klaren Blick zu bewahren und sich ein unabhängiges Urteil nicht nur zu bilden, sondern es auch zu vertreten, der gerät leicht zwischen alle opportunistischen Stühle. Prompt bezieht er Schelte aus allen parteilichen Richtungen, weil er, Schwarzweiß-Malerei verabscheuend, für wohlfeile Einseitigkeit nicht gewonnen werden kann. So findet er sich recht bald jenem verlorenen Haufen liberaler Trottel zugeteilt, über die sich nach allgemeiner Ansicht die Räder der Geschichte erbarmungslos hinwegdrehen, weil sie verabsäumten, rechtzeitig ihr schäbiges Mäntelchen in den gerade vorherrschenden ideologischen Wind zu hängen. Dennoch erscheint es angesichts der Schmierenkomödien, die in der Schaubude des Zeitgeistes gekaspert werden, immer noch angenehmer, zwischen den wackligen Stühlen des bequemen Konformdenkens auf dem Boden der Realität Platz zu nehmen, als einen halben Meter erhöht den Tag zu erwarten, an dem die Stuhlbeine aus dem Leim gehen und die Sprungfedern unter der brüchigen Polsterung ihr physikalisches Eigenleben entfalten.

Zwar meinen die Hüter der öffentlichen Meinung, nicht nur die Stühle, auf denen sie sitzen, sondern das Leben schlechthin sei schwankend und unsicher; deshalb lohne es nicht, sich Gedanken zu machen, die über den Horizont einer menschlichen Daseinsspanne hinausreichen. Lebe jetzt! heißt die Parole – mögen mit der Sintflut die fertig werden, die sie vorfinden.

Aber wer derart denkt, irrt – und zwar gründlich. Wäre der Mensch nur dazu geboren, den fragwürdigen Mehrwert seiner Erdentage zu verprassen, so wäre er die Zeugung nicht wert.

Erst die Tatsache, daß dieses hochentwickelte Erdenwesen über sein Dasein nachdenkt, macht es groß – und seine Größe bemißt sich vornehmlich danach, wie weit es bei diesem schwierigen Geschäft des Nachdenkens von sich selbst absehen und die Gesamtheit der Spezies ins Auge fassen kann. Vermag doch keine Hoffart des Fortschritts den unabdingbaren Evolutions-Auftrag hinwegzudeuteln, den die Natur ihren Geschöpfen erteilte und der besagt, daß entschiedenere Sorge der Art als dem Individuum zukomme. In einer Zeit, die, von der ungeheuren Bevölkerungsexplosion offenbar unbeeindruckt, liebevoll die Einzelpersönlichkeit umhegt, mag eine Einsicht wie diese ebenso befremdlich klingen wie die Feststellung, daß der Mensch als Einzelwesen nie mündig werden kann, sondern daß er immer nur so mündig oder unmündig ist wie die Gemeinschaft, in der er lebt. Manche Katastrophe der Weltgeschichte wäre vermieden worden, träfe dieser leidige anthropologische Tatbestand nicht zu. Die Intelligenz des menschlichen Individuums schlägt genau an dem Punkt mit naturgesetzlicher Notwendigkeit in partielle Dummheit um, wo dieses Individuum in der Gemeinschaft zu handeln beginnt und die Triebfedern primitiven Sozialgehorsams jede vernünftige Einsicht ausschalten zu Gunsten einer gleichgerichteten Willensäußerung.

Deshalb müßte eine hilfreiche Aufklärung des Menschengeschlechts diese Nahtstelle unseres Daseins-Zwiespaltes besonders hartnäckig und illusionslos anvisieren, um einen anthropologisch sinnvollen Ausgleich menschlicher Verhaltensweisen anzustreben. Genau das Gegenteil jedoch geschieht: anstatt sich diesem Existenzproblem vorurteilslos zu stellen, bieten die Scheinaufklärer allen nur erdenklichen Intellektuellen-Witz auf, um es aus der geistigen Auseinandersetzung hinauszueskamotieren und stattdessen idealistischen Weihrauch zu versprühen. Dieses Geschäft wurde zwar noch nie so virtuos betrieben wie heute – aber das ist kein Trost angesichts einer menschlichen Lage, der durch Weihrauch am allerwenigsten beizukommen ist.

Der Sachverhalt unrealistischer Einschätzung menschlicher Verhaltensweisen beschämt um so mehr, als die Naturwissenschaften im zwanzigsten Jahrhundert den Zeitgenossen nicht nur zu nuklearem Kriegsspielzeug verholfen haben, sondern auch anthropologische Tatsachen ins Licht der Erkenntnis und damit auch ins Licht gesellschaftlicher Einsicht rückten, die vorher nur spekulativ erahnt aber nicht faktisch bewiesen werden konnten. Was zum Beispiel die Verhaltensforschung an Beweismaterial zu Tage förderte, genügt bereits, um die gewiß imponierenden philosophischen Systeme von Plato bis Karl Marx in das Museum der menschlichen Geistesgeschichte zu verweisen zugunsten einer spekulationsfreien und wirklichkeitsgerechten Anschauung vom Menschen. Fügt sich dieses Beweismaterial doch zu einem einfachen Grundmuster menschlicher Aktionen und Reaktionen zusammen, das die Möglichkeiten, mehr aber noch die Grenzen unseres Handelns und Wollens anzeigt. Angesichts dieser Fakten hat der homo sapiens allen Grund, bescheidener von sich und von der Spezies zu denken als bisher. Die Erkenntnis muß ihm dämmern, daß der so hektisch betriebene Lebensgenuß nicht mehr sei als eine Chimäre, die er sich vorgaukelt in der wahnwitzigen Vorstellung, er könne die Schöpfung um den Menschen betrügen. Aber betrügen kann der Mensch allenfalls sich selbst, die Natur jedoch läßt sich nicht täuschen. Je energischer wir von ihr und von ihren Gesetzen fortstreben, um so hartnäckiger erinnert sie uns an den alten Adam in unserer Daseins-Hypothek.

Der Mensch wird kreatürlich rückfällig, und zwar auf die schrecklichste, weil hypertrophierteste Weise. Gerade dann, wenn er sich für besonders intelligent hält, erweist er sich als besonders dumm: nämlich beim Ordnen seiner sozialen Angelegenheiten. Das verwundert denjenigen kaum, der das Spannungsfeld zwischen persönlicher Freiheit und gesellschaftlicher Disziplin als den neuralgischsten Bereich des menschlichen Daseins erkannt hat. Je entschiedener sich der Einzelne egoistisch einigelt, um dem individuellen Lebensgenuß ungestört frönen zu können (angefangen bei der kulinarischen Prasserei des Fressens, des Saufens und der geschlechtlichen Enthemmung bis hin zu den subtilen Formen des geistigen Kulinarismus), desto schwerer fällt ihm die Einordnung in die Sozietät und deren überindividuelles Wirkgefüge. Entsprechend aufwendig erweist sich die Hirn-Akrobatik, die der homo sapiens auf die Überlistung der Realität durch utopische Denkkonstruktionen paradiesischen Anstrichs verwendet – auf Denkkonstruktionen, die mit Seifenblasen viele Merkmale gemein haben außer dem entscheidenden, daß sie nicht so leicht platzen. Es bedarf jeweils erst robuster Katastrophen, um sie zum Bersten zu bringen und damit ihren illusionären Charakter zu entlarven. Dieser Preis ist sehr hoch; dennoch zeigt sich die Menschheit immer wieder bereit, ihn zu zahlen in der kindischen Hoffnung, daß irgendwann einmal das paradiesische Experiment gelingen müsse. Stattdessen wurde von Jahrhundert zu Jahrhundert der utopische Aufwand, den die realistische Probe aufs illusionäre Exempel erforderte, höher und höher und hypertrophierte schließlich zum technischen Menetekel der Jetztzeit, das uns zu zermalmen droht. Denn genau besehen erweist sich der sogenannte technische Fortschritt doch kaum als etwas anderes als der großartige Versuch des homo sapiens, die sozialen Zwänge weitgehend zu entpersönlichen und zu automatisieren um des individuellen Behagens willen. Mit anderen Worten: der spätzeitliche Mensch abendländischer Prägung zeigt sich eher bereit, der anonymen Maschine sich auszuliefern als innerhalb der sozialen Gemeinschaft anderen Menschen (oder der Menschheit, dem Volk, der Gruppe) zu dienen und dementsprechend seine Egoismen einzuschränken. Denn vor der seelenlosen Maschine sind in der Tat alle Menschen nicht minder gleich als vor Gott (wenn auch in anderer Weise), aber dem Menschen ist der Mensch keineswegs gleich und wird es auch nie werden. So lange Menschen zusammen leben, müssen sie sich mit dem Faktum abfinden, daß sie einander vielleicht ähnlich, aber nie gleich sein können, sondern daß im Gegenteil die Ungleichheit der menschlichen Individuen das Wirkgefüge einer Sozietät erst gewährleistet im Sinne eines schaffenden und im Schaffen dienenden Füreinanders. In solchem Sinn verliert die Initiative des Einzelnen an individuellem Gewicht und gewinnt überindividuelle, sich in der Sorge für das Gesamtwohl der Art erfüllende Bedeutung. Eine deformierte, in Auflösung übergehende Gesellschaft verzichtet auf den Glauben an sich selbst; sie entbindet gleichsam ihre Glieder von der gemeinsamen Pflicht und stellt ihnen frei, von der ererbten Struktur den größtmöglichen egoistischen Gebrauch zu machen, und die Glieder der Sozietät zögern nicht, von dieser unausgesprochenen, aber de facto erfolgten Entbindung vom gesellschaftlichen Eid zu profitieren, indem sie die hierarchische Ordnung des Füreinander in eine Anarchie persönlicher Machtentfaltung destruieren mit dem alleinigen Zweck, einander erbarmungslos auszubeuten. Das Widerliche in diesem Erscheinungsbild gesellschaftlichen Zerfalls ist die Heuchelei, mit der die Leichenfledderei betrieben wird: unter der Vorgabe nämlich, füreinander sorgen zu wollen, erpressen sich die Glieder der Gesellschaft und werden zu Wegelagerern einer Konsumwirtschaft, deren Auswüchse durch den Begriff „kriminell" schon garnicht mehr zureichend erfaßt werden können. Zwar werden die menschlichen Herrschaftsverhältnisse abgebaut zu Gunsten einer pseudosozialen Gleichmacherei, aber die neuen technischen Herrschaftsverhältnisse, die an ihre Stelle treten, üben einen weitaus unmenschlicheren und unwidersprechbaren Terror aus als menschliche Willkür ihn je hätte ausüben können. Gegen Menschen kann man sich wehren, gegen Maschinen nicht – und schon garnicht, wenn wir uns von ihnen existenzabhängig gemacht haben.

Mit anderen Worten: Je entschiedener der Mensch danach trachtet, sich mit Hilfe technischer Tricks zugunsten individuellen Lebensgenusses aus der gesellschaftlichen Bindung hinauszuschmuggeln und seine sozialen Pflichten durch Lippenbekenntnisse zu ersetzen, desto heftiger verurteilt er die gesamte Art zum Untergang. Nicht bereit, die natürlichen Voraussetzungen des menschlichen Lebens als „unendliche Kette" der Generationen anzuerkennen und die Ungleichheit der Menschen untereinander als Vorbedingung einer vernünftig geordneten und damit auch natur-vernünftig wirkenden Gemeinschaft anzuerkennen, versetzt er sich in den Zustand der Unmündigkeit zurück und hofft darauf, daß die Sintflut erst nach ihm kommen wird. Sich selbst und andere belügend, wähnt der homo sapiens, er sei klug, wenn er auf dem Jahrmarkt des Zeitgeistes die Gemeinplätze des sozialen Schnulzen-Kintopps nachbetet und den Blick der Zeitgenossen auf die Realität durch parfümierte Nebel verschleiert. Leider funktionieren die Herdeninstinkte des homo sapiens auch noch im Negativen: Jeder demagogische Rattenfänger, mag er auch noch so primitiv auf seiner Pfeife blasen, hat leichtes Spiel; läßt er seine Töne nur hübsch rhythmisch perlen, so folgen ihm die klugen, einsichtigen und mündigen Individuen der Spezies mit Begeisterung nach wie die Lemminge, die sich besinnungslos ins Meer stürzen – und zwar, wie man inzwischen weiß, aus sozialer Panik.

Wie gesagt: es war schon immer schwer, wider den Zeitgeist zu löcken. Früher wurde man deswegen sogar geköpft, gehängt oder gevierteilt. Heute geht es zivilisierter, toleranter und auch friedlicher zu. Heute wird niemand geköpft oder gevierteilt, wenn er unbequeme Wahrheiten sagt. Er wird nur ignoriert. Aber manchmal fragt man sich, was schlimmer ist ...

2

Der Mord zum Sonntag

Die Brutalisierung der Kultur

Die Killer sind unter uns: allabendlich ballern sie in unseren Wohnstuben herum, fuchteln mit Messern vor unseren Nasen oder landen technische k.o's. Dazu liefern späte Wagner-Epigonen musikalischen Nervenbibber in Superlautstärke, und der glückliche Besitzer eines Farbfernsehers genießt sogar das gelegentliche Vergnügen, original koloriertes Blut fließen zu sehen.

Mit 8,50 Mark pro Monat sind wir dabei, wenn sich die Television-Gangster zum Sturm auf den häuslichen Frieden formieren und clevere Edelmenschen zum munter-harten Gegenangriff antreten. Vor der Couch häufen sich die Leichen, zu deren Anblick eine freundliche Ansagerin kurz zuvor „viel Vergnügen" wünschte, und dem Zuschauer sträubt sich wohlig das imaginäre Fell, das er de facto seit Jahrzehntausenden bereits abgelegt hat. Obwohl domestiziert, erinnert sich der alte Adam offenbar doch recht gern der Zeiten, da er noch in Wäldern hauste und seinesgleichen mit dem Faustkeil aufs Hirn schlug.

Humanitär und aufgeklärt nennt man das Zeitalter, in dem wir leben. Aber der hohe Anspruch dieses Etiketts hindert offenbar niemand daran, sich unter dem Vorzeichen der Liberalität an den modernen Gladiatoren-Spielen geschäftstüchtiger Reizbefriediger zu ergötzen. Ob ihres gewinnträchtigen Treibens angesprochen, haben die Manager des kriminellen Show-Geschäfts sogar plausibel und menschenfreundlich klingende Erklärungen zur Hand.

Immerhin sei es vernünftiger, so argumentieren sie tiefsinnig, der homo sapiens werde in die Lage versetzt, seine aufgestauten (und seit Konrad Lorenz fast schon sprichwörtlichen) aggressiven Gelüste per Mattscheibe abzureagieren, anstatt in unguter Absicht auf den lieben Nächsten mit harten Gegenständen einzuschlagen. Sadismus und Mordlust, in jedem Menschen als Erbgut angelegt, fänden im Mattscheiben-k. o. ein relativ harmloses Ventil, durch das die Faulgase des alter ego ausströmen könnten wie Produkte unangenehmer Blähungen. So ersetze der Krimi auf der Mattscheibe gleichsam den Psychiater und leiste einen durchaus anerkennenswerten Beitrag zur Entgiftung menschlicher Unterweltsgefühle.

Erstaunlich ist nur, daß die Menschheit angesichts einer so trefflich organisierten und ethisch untermauerten seelischen Müllabfuhr, an der sich ja nicht nur das Fernsehen, sondern auch Boulevardblätter und Illustrierte, Filmproduzenten und Theaterintendanten, Verleger und sogar Philosophen eifrig beteiligen, des Mordes und des Totschlages sowie anderer inhumaner Praktiken nicht schon längst enträt, sondern im Gegenteil auf ein kulturelles und geistiges Niveau hinabzusinken droht, dessen negativen Rang bisher noch keine Geistesepoche zu markieren vermochte.

So stellt sich unvermeidlich die Frage, ob die scheinheilig kaschierte Praxis, den Teufel nach althergebrachtem Rezept mit dem Beelzebub austreiben zu wollen, auch für den Bereich der Kultur – und damit für die geistig-seelische Bildung und Ausformung des Menschen – angemessen sei. Oder mit anderen Worten: ob die effektvolle Anhäufung von menschlichem Unrat, ob die Demonstration von Grausamkeiten ohne erkennbaren oder auch nur angedeuteten höheren Anspruch als den billiger Reizbefriedigung geeignet sei, dem Menschen überzeugend klarzumachen, daß er „sein Leben ändern" müsse.

Franz Kafka schrieb die bedenkenswerte Maxime nieder, Kunst sei „Heraustreten aus der Totschlägerreihe", und Friedrich von Hardenberg (Novalis) sprach der Kunst sogar die Funktion einer „progressiven Anthropologie" zu. Beide Autoren sind unverdächtig, einem Kulturbegriff gehuldigt zu haben, der sich in prunkend-leerer Fassadenherrlichkeit erschöpft; vielmehr versuchten sie mit selbstquälerischem Ernst, der zwielichtigen Existenz des homo sapiens auf die Spur zu kommen, um von dort her den Prozeß humaner Veredelung einleiten zu können.

Denn darüber besteht ja wohl kaum ein Zweifel, daß der Mensch – nach Arnold Gehlen ein „Mängelwesen" – der Veredelung bedarf, um seiner freigesetzten Triebe und Instinkte zumindest teilweise Herr zu werden. Seine bravourösen Fähigkeiten nutzen ihm nämlich nur wenig, wenn sie nicht gesteuert werden von einem Ethos, das ihrer Hypertrophie wehrt. Entfällt diese Steuerung, die Kant das „moralische Gesetz in uns" nannte, so wuchern die Kräfte der Selbstzerstörung und stellen alles in Frage, was der Menschengeist in kühnem Höhenflug ersann.

Nicht von ungefähr entwickelte sich daher seit den frühen Tagen der Menschwerdung in unmittelbarer Korrespondenz zur fortschreitenden Umweltbeherrschung und -erweiterung das Phänomen der Kultur – ein Phänomen, das, für den materiellen Lebenshaushalt scheinbar zwecklos, im Rückblick auf die Geschichte des Menschengeschlechts unsere Bewunderung dennoch energischer erregt als die Kunde von Entscheidungsschlachten oder von der Erfindung kriegerischer Mordwerkzeuge. Durch die Kultur, die bis in das hohe Mittelalter mit der Religion eng verschwistert war, wuchs der Mensch über sich selbst hinaus; durch sie trat er aus der Totschlägerreihe heraus, in die ihn sein stammesgeschichtliches Ahnenerbe immer wieder hineinzwang – hier konnte er wenigstens zeitweise jenes kostbaren Gutes teilhaftig werden, das ihn seit dem Eintritt in die Geschichte als Ziel und Vollendung menschlichen Daseins fasziniert: der Freiheit.

Die großen Kulturen statuieren daher auch durchweg Exempel zweckfreier menschlicher Schöpfungskraft; sie stellen gleichsam den Human-Pegel dar, der die geistige Höhe einer Gesellschaft signalisiert und damit zugleich auch den Blick freigibt auf den ethischen Steuermechanismus, dem sich diese Gesellschaft unterwirft. Wird dieser Steuermechanismus unzureichend gewartet oder erweist er sich gar als reparaturbedürftig, so sinkt der Pegel ab. Die exemplarischen Leitbilder und damit die Maßstäbe des Denkens und Handelns verschwimmen, ihr Sinn entleert sich zur Kulisse, vor der nur noch Kulturmaskeraden zu billiger Ergötzung sich selbst inszenieren, bis schließlich der morsch gewordene Plunder in sich zusammenstürzt und nur noch nihilistische Staubwolken aufwirbelt.

Ein Jahrhundert vor Oswald Spengler, dessen kulturmorphologische Theorien keineswegs so abwegig anmuten, wie viele seiner Gegner behaupten – ein Jahrhundert vor Oswald Spengler entwarf Goethe in einer Rezension unter dem Titel ‚Geistesepochen', erschienen im ersten Band von ‚Kunst und Altertum', ein Schema kulturellen Wachsens und Sterbens, das in seiner lapidaren Knappheit bis auf den heutigen Tag unübertroffen ist. Es beginnt bei den „Uranfängen", denen Goethe das Merkmal „tiefsinniger Anschauung" zuspricht, und erreicht über die morphologischen Etappen des „Volksglaubens" (Poesie), der „ideellen Erhebung" (Theologie), des „aufklärenden Herabziehens" (Philosophie) schließlich das Spätstadium einer „Auflösung ins Alltägliche" (Prosa) – einer Auflösung, die in geistige und auch gesellschaftliche Anarchie mündet.

„Das Menschenbedürfnis", so erläutert Goethe diesen Auflösungsprozeß, „das Menschenbedürfnis, durch Weltschicksale aufgeregt, überspringt rückwärts die verständige Leitung, vermischt Priester-, Volks- und Urglauben, klammert sich bald da, bald dort an Überlieferungen, versenkt sich in Geheimnisse, setzt Märchen an die Stelle der Poesie und erhebt sie zu Glaubensartikeln. Anstatt verständig zu belehren und ruhig einzuwirken, streut man willkürlich Samen und Unkraut zugleich nach allen Seiten; kein Mittelpunkt, auf den hingeschaut werde, ist mehr gegeben, jeder Einzelne tritt als Lehrer und Führer hervor und gibt seine vollkommene Torheit für ein vollendetes Ganze. – Und so wird denn auch der Wert eines jeden Geheimnisses zerstört, der Volksglaube selbst entweiht; Eigenschaften, die sich vorher naturgemäß auseinander entwickelten, arbeiten wie streitende Elemente gegeneinander, und so ist das Tohuwabohu wieder da, aber nicht das erste, befruchtende, gebärende, sondern ein absterbendes, in Verwesung übergehendes, aus dem der Geist Gottes selbst kaum eine ihm würdige Welt abermals erschaffen könnte."

Zutreffender als durch diese nüchternen Sätze läßt sich die geistige Situation, in der wir gegenwärtig leben und die wir durchleiden, schwer auf einen diagnostischen Nenner bringen. Denn ein größeres Kultur-Tohuwabohu als das unsere, in dem „willkürlich Samen und Unkraut nach allen Seiten" gesät werden, läßt sich kaum vorstellen. Weit davon entfernt, noch Leitbilder menschlichen Verhaltens aufzurichten, gefällt sich unsere Kultur in einer liberalen, maßstablosen Brutalität, die alles in den Schatten stellt, was sich die Menschheit bisher unter dem Signum und dem Primat des Geistes an Absurditäten leistete.

Unter dem fadenscheinigen Vorwand, Vorurteile, Tabus und Illusionen abzubauen, Gesellschaftsordnungen zu stürzen und ein „neues Bewußtsein" zu etablieren, werden unbekümmert um progressive oder regressive Anthropologie die niedrigsten Instinkte mobilisiert und durch immer neue Gossen-Reize gefüttert. Zügellosigkeit wird als Protest, der billige Effekt als freiheitliche Gemütsbewegung gefeiert – ganz zu schweigen vom Eros, der als pornographisches Genußmittel auf dem Strich dahinsiecht, auf den ihn seine Zuhälter schickten.

So landete, ein Beispiel nur von vielen für den kulturellen Abstieg ins Brutale, auch die klassische Tragödie, die zur Katharsis, also zur inneren Reinigung und damit zur Entbrutalisierung des Menschengeschlechts beitragen wollte, hoffnungslos im Rinnstein. Lessing schuf das bürgerliche, Gerhart Hauptmann das soziale Trauerspiel und Brecht das proletarische Agitationstheater. Inzwischen jedoch ist der unaufhaltsame Abstieg der tragischen Dramatik besiegelt. Die Klassenkämpfe sind ausgekämpft, die proletarischen Seufzer verhaucht – nun betreten die Asozialen die Bühne und bitten um Gehör für ihre schnoddrigen Zoten. Gammler-Metaphysik verbreitet ihren Mief und proklamiert die Sinngebung des Sinnlosen.

Seit Osbornes wildgewordene junge Männer ihren whiskyumflorten Nihilismus der staunenden Mitwelt ins Gesicht schrien, gehört es zum guten modernen Bühnenton, im Zorn sowohl zurück- als auch vorauszublicken und die Welt, in der wir leben, als einen Saustall übelster Art darzustellen. Gegen seine Epigonen nimmt sich Osborne allerdings aus wie ein gesitteter Musterknabe, der nur aus Versehen mit dem falschen Bein zuerst aus dem Bett gestiegen ist. Inzwischen weiß die dramatische Jeunesse dorée, was sie dem Jahrhundert schuldig ist, und sie wartet mit ordinären Bühnenentweih-Festspielen auf, die Beischlaf und Kindermord auf offener Szene zu moralischen Demonstrationen erster Ordnung erheben.

Natürlich versuchen auch die Liquidatoren von Opas Theater ihrem Publikum einzureden, sie leisteten in Schillers Sinn einen Beitrag zum Theater als moralischer Anstalt, indem sie durch ihr asoziales Ringelspiel der etablierten Mitwelt einen Schock verpaßten. Die Gesellschaft, in der wir leben und die wir formieren, fördere nun einmal derart ordinäre Enthemmungen und verstoße die vereinsamenden Jugendlichen in perverse Barbarei, in Protesthaltung und Sinnlosigkeit.

Einen Vergleich mit der Geisteshaltung der Gangsterproduzenten für den Television-Zeitvertreib würden sie gewiß empört ablehnen. Und dennoch ist der Unterschied nur graduell, nicht prinzipiell. Gewiß: der gesellschaftliche Ansatzpunkt zeitkritischer Schock-Dramatik trifft zweifellos einen bestehenden und änderungsbedürftigen Sachverhalt.

Nicht zutreffend jedoch ist die kurzgeschlossene Folgerung, die Demonstration des Unrats allein genüge schon, um den gesellschaftlichen Gesundungsprozeß auf homöopathischer Basis einzuleiten. Ohne tragischen Aspekt (und damit ohne Katharsis) steigern derartige Schocktherapien eher die Lust an der Kulturbarbarei, als daß sie ihre Minderung einleiten. Hier findet ebensowenig ein Heraustreten aus der Totschlägerreihe statt wie in den Mattscheiben-Thrillern oder den Bordell-Berichten der Illustrierten, sondern hier wird der Entmenschlichung unserer Existenz auf ebenso heuchlerische wie raffinierte Weise Vorschub geleistet. Da hilft kein Wort zum Sonntag mehr und auch kein Notschrei nach Familie Saubermann, um den angerichteten Schaden zu kitten, und weder Polizei noch Staatsanwalt noch andere Tugendwächter können den fortschreitenden Brutalisierungs- und Erniedrigungsprozeß hemmen, dem sich die Kultur des 20. Jahrhunderts ausliefert.

Solange dieser Prozeß synchron verläuft mit wirtschaftlichen Interessen, mit bedenkenloser Gewinnsucht, und das heißt: mit einer zunehmenden Kommerzialisierung des kulturellen Lebens, so lange werden sich deren Manager in der Maske geistiger Biedermänner stets auf die Seite des größtmöglichen Effektes und der aufreizenden Sensation schlagen, um auf ihre Kosten zu kommen. Nach der Devise, daß der Erfolg jedes Mittel heilige, werden sie sich auch zukünftig der schwierigen und opfervollen Aufgabe zu entziehen wissen, gegen den Strom brutalisierender Tendenzen zu schwimmen und der Kultur wieder jenen menschenbildnerischen, maßstabsetzenden Rang zurückzuerobern, der allein ihr Dasein berechtigt.

Vergnügt werden die Kulturindustriellen weiter bestsellern, nach goldenen Schallplatten lechzen und nach Umsatzsteigerungen, und sie werden so lange Sex and Crime, diese Stimulantien einer seelisch brutalisierten Gesellschaft, auf den Rauschmärkten der Menschheit feilbieten, bis die Barbarei und damit die Unmenschlichkeit komplett ist. Wie gesagt: die Killer sind unter uns …

3

Mattscheibensinfonik

Gefilmte Musik fürs Fernsehen

Der Aufbruch ins optische Zeitalter erfordert die Mobilmachung aller optischen Reserven. Die Linsen der Fernsehkameras sind nämlich gefräßig: täglich transportieren sie Bilder, Bilder und nochmals Bilder auf die Mattscheibe, und es gibt fast kaum einen Winkel unseres Planeten, aber auch unserer gesellschaftlichen Existenz, den Television-Teams noch nicht ausgeleuchtet und auf Zelluloidstreifen oder Ampex-Bänder fixiert haben. Die Trivialliteratur wird ebenso nach Stoffen durchkämmt wie die Weltliteratur, und sogar die Operette seligen Angedenkens, von den Auguren bereits totgesagt, feiert in der Braunschen Röhre wieder fröhlich-unbekümmerte Urständ. Selbst die Philosophie ist photographierbar geworden, seitdem in den dritten Programmen würdige Professoren über Hegel, Marx und den Kategorischen Imperativ dozieren sowie die Grundtatsachen unserer Existenz erläutern.

So konnte es wohl nicht ausbleiben, daß eines Tages das nimmersatte Fernsehauge auch eine Lücke im optischen Angebot entdeckte, die es schleunigst zu schließen galt. Diese Lücke betraf die Musik, und zwar sowohl, was nahelag, das Musiktheater, die Oper also, als auch die absolute, bisher dem Konzertsaal, dem Rundfunk und der Schallplatte vorbehaltene solistische und orchestrale Instrumental- und Vokalmusik.

Nun sollte man annehmen, Töne ließen sich beim besten Willen nicht photographieren – hier gerate das Fernsehen endgültig an seine Grenzen. Aber die Motivsucher wußten sich auch angesichts so strenger und scheinbar unüberwindbarer ästhetischer Schranken einen Rat. War doch bereits mit der Erfindung des Tonfilms die Musik zu einem unentbehrlichen Requisit nicht nur des Kulturfilms, sondern auch der Spielfilme avanciert und liefert seitdem für jeden nur erdenklichen Bildgebrauch den dramatischen oder lyrischen Stimmungshintergrund. Vom Wagner-Pathos bis zu Puccinis Seelensüße, von Bach bis Beat entleihen die Stimmungsmacher ihr Notenrepertoire dem abendländischen Musikangebot, um Liebesgeflüster oder Totschlag, tosende Meere und die Majestät der Berge tönend zu illustrieren.

Warum, so fragten sich wohl angesichts dieser vierzigjährigen Filmpraxis die musikalischen Fernsehprotagonisten, warum schlagen wir mit unserem Massenmedium nicht einfach den umgekehrten Weg ein und illustrieren Musik durch Bilder? Wenn es möglich ist, Bilder durch Töne zu intensivieren, so müßte es schließlich auch möglich sein, Tönen durch die Beigabe von Bildern erst den rechten Zugang zum optisch hungernden Gemüt zu verschaffen. Und sie zögerten nicht, diesen Gedanken auch in die elektronische Tat umzusetzen.

Zunächst verlegte man Konzertaufführungen in historische

Räumlichkeiten mit möglichst viel Stuck und Freskenmalerei und ließ, indes sich Orchester, Dirigent und Solisten mit einer Bach-Kantate auseinandersetzten, die Kameras in architektonischen Details des (meist barocken) Interieurs schwelgen. Willig holte die Gummilinse Putten, Erzengel und – je nach Fortschritt des Kirchenjahres – Kruzifixe oder Weihnachskrippen ins Blickfeld. Von Deckenfresken zürnte Gott-Vater zu Dur und Moll ins traute Heim, und gelegentlich rutschte dann sogar einmal Fischer-Dieskau sowie ein Herr mit fuchtelnden Armen ins Bild, den der Zuschauer, kaum hatte er ihn als den Dirigenten identifiziert, schon wieder zugunsten eines Stuck-Schnörkels oder einer büßenden Magdalena aus dem Auge verlor.

Nun, die Bildregisseure konnten sich zur Rechtfertigung solchen Tuns auf Schelling berufen, der die Architektur eine „erstarrte Musik“ nannte – ein Gedanke, den Goethe in den ‚Maximen und Reflexionen‘ willig aufgriff und ihn fortspann zu der Variation, die Baukunst sei weniger eine „erstarrte“ als vielmehr eine „verstummte Tonkunst“. Auch lag das Argument nicht fern, die Komponisten hätten seit jeher nach tonmalerischem Ausdruck gesucht, wie das berühmte Zerreißen des Tempelvorhangs in Bachs ‚Matthäuspassion‘, wie Haydns Oratorien ‚Die Schöpfung‘ und ‚Die Jahreszeiten‘, aber auch Beethovens ‚Pastorale‘, Schumanns ‚Kinderszenen‘ und nicht zuletzt die Programm-Musik von Franz Liszt bis Richard Strauß bewiesen.

Was die Anschauung angeht, Architektur sei erstarrte, gefrorene oder verstummte Tonkunst, so hatte schon Arthur Schopenhauer in seinem Hauptwerk ‚Die Welt als Wille und Vorstellung‘ Bedenken gegen sie angemeldet und sie als „keckes Witzwort“ apostrophiert – und Schopenhauer verstand ja bekanntlich sehr viel von Musik und machte sich über deren ästhetische Grundlagen recht bemerkenswerte und tiefe Gedanken. Aber auch bei Anerkennung der von Goethe und Schelling ausgesprochenen ästhetischen Maxime erhebt sich die Frage, ob eine auch noch so fachkundig und dynamisch geführte Kamera in der Lage sei, die gefrorene Musik der Architektur gleichsam zum Schmelzen zu bringen und ihren harmonischen Formenrhythmus mit der erklingenden Musik zu synchronisieren. Denn schließlich besagt die stilistische Herkunft einer Komposition aus dem Barock oder Rokoko nicht eo ipso, daß sie mit den architektonischen Details der zugehörigen Stilepoche übereinstimme und durch sie veranschaulicht werden könne – sofern Musik überhaupt eine Veranschaulichung in diesem primitiven Sinne braucht.

Und damit stoßen wir zum Kern des Problems vor. Gewiß: der Zuhörer einer musikalischen Darbietung bleibt vom Stimmungsgehalt des Raumes, in dem ein Werk erklingt, nicht unbeeindruckt – und sowohl seine Aufnahme- als auch seine Verständnisbereitschaft wird zweifellos gefördert durch die stilistische Übereinstimmung von musikalischem Ausdruck und architektonischem Rahmen. Ein Mozart-Quartett oder -Divertimento, gespielt in Cuvilliés Münchner Amalienburg oder im alten Residenztheater, hat sicher manchen stimulierenden Vorteil gegenüber einer Wiedergabe in einem modernen Konzertsaal – aber entscheidend für das Musikerlebnis ist diese stimulierende Wirkung keinesfalls. Das musikalische Kunstwerk erschafft, sobald es erklingt, seinen eigenen Kosmos, es erbaut sich seine eigene rhythmisch-melodische Architektur, die um so reiner zur Wirkung kommt, je weniger die Aufmerksamkeit und Konzentration der Zuhörer abgelenkt oder gar gestört wird. Der Konzertbesucher zerlegt weder – was die Kamera in jedem Fall tut und ihres begrenzten Blickfeldes wegen sogar tun muß –, er zerlegt weder den Raum, in dem er sich mit vielen anderen Zuhörern zu einer Art Erlebnisgemeinschaft zusammenfindet, in seine Details, noch erscheint das Orchester vor seinem Blick als eine Vielfalt von einzelnen Instrumentalisten oder Instrumentalgruppen, sondern als eine Einheit. So überschaut und erlebt er das Konzert als Zusammenklang verschiedener Elemente zu einem Ganzen. Die optische Ausdeutung und Stimulierung des musikalischen Erlebens durch die Fernsehkamera entlarvt sich demnach als ein ausgesprochen antimusikalisches Verfahren, das, in dem primitiven Glauben, das Auge müsse beim Television-Musikhören unterhalten werden, gerade das Gegenteil von dem hervorruft, was es zu erwecken vorgibt: nämlich Musikverständnis. Der Mensch ist nun einmal ein optisch orientiertes Wesen: je mehr man ihm zu sehen gibt, um so weniger hören seine Ohren.

Deshalb erscheint es auch nahezu unverständlich, daß ein so bedeutender und sensibler Musiker wie Herbert von Karajan sich mit geradezu fanatischer Besessenheit dem Fernsehen verschrieb und im Verein mit dem Filmregisseur Henri Clouzot ein Orchesterkonzert nach dem anderen für die Gummilinse produziert. Solange dies Beginnen noch musikpädagogische Absichten (wie etwa bei Leonhard Bernsteins berühmten New Yorker Fernsehsendungen) erkennen läßt, ist kaum etwas dagegen einzuwenden. Proben-Ausschnitte können höchst interessante Einblicke nicht nur in die interpretatorische Werkstatt, sondern auch in die Werkstatt des Komponisten vermitteln – und die nachfolgende Aufführung des geprobten Werkes hat dementsprechend ebenfalls mehr demonstrierenden Werkstatt- als Konzertcharakter. Auf diese Weise haben nicht nur Bernstein, Fricsay, Solti und Karl Böhm, sondern hat auch Herbert von Karajan eine Reihe von höchst interessanten, ja packenden Fernseh-Musik-Sendungen geschaffen.

Aber Herbert von Karajan wollte mehr und erreichte weniger. Er strebte das telegene Fernsehkonzert an, das den Kameras zwar die Abschweifungen in malerische oder architektonische Gefilde versagte, ihnen dafür jedoch die Musiker selbst und vor allem den Dirigenten zum optischen Fraß vorwirft. So werden denn, nachdem der Maestro angemessen ins Bild gebracht wurde, die Einsätze der einzelnen Instrumentalgruppen partiturgerecht eingeblendet – mit dem Ergebnis, daß der Mattscheibenhörer bald nur die Hörner, bald nur die Celli oder gar die Pauken zu hören meint, weil sie sich ihm, des Einsatzes wegen, gerade in diesem Augenblick optisch aufdrängen. Zwischendurch taucht der Maestro in mystischem Halbdunkel auf und läßt geschlossenen Auges seine faszinierende und sehr photogene Schlagtechnik auf sein Wohnstubenpublikum einwirken. Fragt man sich hinterher, wie es denn nun eigentlich gewesen sei, ob gut oder schlecht, so wird man um die Antwort sehr verlegen, weil man zwar viel gesehen, aber wenig gehört hat. Gewiß: die Herren des Berliner Philharmonischen Orchesters kennt man inzwischen recht gut und genau, man ist sich gleichsam familiär nähergekommen. Man begrüßt sie auf dem Bidlschirm wie alte Bekannte und hält (vor allem den Hornisten) die Daumen, wenn eine schwierige Passage droht – aber mit Musik und mit Musikhören hat das natürlich ebenso wenig zu tun wie Hermann Preys rührender Versuch, einem Millionenpublikum Schuberts ‚Winterreise' an zwei Abenden nahezubringen. Treuherzig erzählte der Sänger seinen Zuschauern von Schuberts Einsamkeit und Herzensqual, und er kündigte auch, zum besseren Verständnis für musikalisch Verstockte, ein paar Bildchen deutscher Romantiker als Einblendzugabe an. So tauchten denn hinter dem singenden Herrn Prey (und auch zwischen seine goldenen Kommentar-Worte geschaltet) Reproduktionen von Landschaften Caspar David Friedrichs und anderen romantischen Meistern auf, die dokumentieren sollten, daß hier einer fremd ausgezogen sei und auch fremd wieder heimkehre. Wobei Herrn Prey und seinen Fernsehberatern offenbar entgangen war, daß die Bildgarnierungen eine völlig andere Grundstimmung als die in Schuberts Liedzyklus angeschlagene zum Ausdruck brachten. Während sich nämlich in Schuberts Liedern ein tief depressiver Existenznotstand offenbart, bekunden die großen Landschaftsdarstellungen der Romantiker gerade das Gegenteil: nämlich ein kosmisches Weltgefühl und Weltvertrauen, vor denen die Leiden der menschlichen Existenz ins Unwesentliche zusammenschrumpfen. Aus Caspar David Friedrichs „Mönch am Meer", seinen Stralsunder Hafenbildern oder seinen Riesengebirgslandschaften Einsamkeitsstimmungen Schubertscher Provenienz herauszulesen – das deutet auf ein geistesgeschichtliches Mißverständnis, das auch durch gut gemeinte Absichten in puncto Musikbildung kaum entschuldbar ist.

Aber seien wir froh, daß uns im Hinblick auf Schuberts „Winterreise" das Schlimmste noch erspart blieb. Soll doch ein bedeutender Film- und Theater-Regisseur sogar die Absicht gehegt haben, den ganzen Zyklus zu verfilmen – mit knarrender Wetterfahne, fallenden Herbstblättern und altem Leierkastenmann – woraus man leicht ersehen mag, was uns das optische Zeitalter, das nun auch über die Musik hereingebrochen ist, noch alles bescheren kann. Aber wie sagt Wilhelm Busch:

> „Musik wird störend oft empfunden,
> weil stets sie mit Geräusch verbunden …"

Schließlich kann man den Tonknopf am Fernseher ja abschalten – und dann mögen Verdis ‚Requiem' unter Karajan oder Preys ‚Winterreise', ihres musikalischen Anspruchs entbunden, vielleicht ganz hübsch und abwechslungsreich anzuschauen sein ...

4

Auf den Brettern der Agitation

Aspekte des Tendenztheaters

Als der Notstand des Notstandes geprobt wurde, entdeckten die Demonstranten das Theater als politisches Forum: Aufgeregt stürmten sie Opas Musentempel, enterten die Bretter, die die Welt bedeuten, und versuchten das schockierte Publikum in Diskussionen zu verwickeln. Denn, so argumentierten sie, das bürgerliche Konsumtheater, für das die Anwesenden an der Kasse gezahlt hätten, sei ein Nonsens. Angesichts grundstürzender Veränderungen in der Gesellschaft entlarve sich der Einkauf von Illusionen als wirklichkeitsfernes Fehlverhalten, das dringend der Korrektur bedürfe. So verwandelten sie, unter Ho Chi Minh-Rufen und mit roten Fahnentüchern winkend, die Bühne in ein Tribunal, vor dem die spätkapitalistische, im Sumpf des Establishment versinkende Gesellschaft abgeurteilt werden sollte. Parteilichkeit wurde als Gebot der Stunde ausgerufen und der Notstand zum Prüfstein politischen Wohlverhaltens erklärt.

Das Theater als Institution überstand diesen revolutionären Gewaltstreich keineswegs unbeschädigt. Allenthalben taucht nach jenen aufregenden Notstandstagen die besorgte Frage auf, ob die Schaubühne bisherigen Stils einer Reform bedürfe, um auf die gesellschaftlichen Probleme der Gegenwart aktuelle Antworten geben zu können. Energisch klopfen eifrige Dramaturgen die Klassiker nach zeitgerechter Thematik ab, und die Regisseure schrecken nicht davor zurück, Sophokleische Tragödien zwischen Teerfässern abzuwickeln und Shakespeares Königsdramen in eine politische Revue umzufunktionieren. Oedipus als Konzernherr, König Lear als Tankstellenbesitzer und die heilige Johanna als Bordellmieze – das sind Aussichten, die Opas hehre Klassikerträume endgültig zu entzaubern scheinen zugunsten einer realistischeren Einschätzung der menschlichen Wirklichkeit. Aber hier wird Kunst nicht demokratisiert sondern proletarisiert, um sie den herrschenden politischen Tendenzen gefügig zu machen. Schon Brecht hatte mit diesem Geschäft proletarischer Einebnung der klassischen Bühnenwerke begonnen, als er die ‚Antigone' des Sophokles und Shakespeares ‚Coriolan' zu klassenkämpferischen Agitationsdramen umformte, und seine Epigonen, von Peter Hacks bis Heiner Müller, schwelgen geradezu in marxistisch orientierten Bearbeitungen, Nachdichtungen und Umdichtungen ihrer dramatischen Altvorderen, von deren Genie sie sich nur allzu bereitwillig und tantiemeträchtig inspirieren lassen.

Aber damit nicht genug: Als letzter Bühnenschrei werden Straßentheater und Pop-Aktionen propagiert, um die illusionistisch vernebelten Hirne satter Spätbürger zu entrümpeln und die Menschheit jener Mündigkeit entgegenzuführen, deren sie zur sozialistischen Reife bedarf. Unabhängig von Bühnenrahmen und Kulissen, von Scheinwerfereffekten und schummriger Parkettstimmung, fernab von Weihegefühlen und schaulustigem Konsumverhalten wird eine totale Integration des Theaters in den gesellschaftlichen Alltag angestrebt, die einen ständigen Austausch von Aktion und Reaktion – und somit eine gesellschaftliche Diskussion auslösen soll, eine Diskussion, die schließlich das Theater alten Stils überflüssig zu machen verspricht.

Nun: diese Attacken erweisen sich bei näherem Hinsehen möglicherweise weniger deprimierend als konservative Gemüter anzunehmen geneigt sind. Stellen sie doch immerhin den Versuch dar, dem nivellierenden Konsumbedürfnis der modernen, unter dem Primat der technischen Zivilisation lebenden Massengesellschaft aufrüttelnd, schockierend, ruhestörend und Unruhe stiftend zu begegnen und damit deren unproduktive Trägheit zu überwinden – und als ein solcher Versuch verdienen sie aufmerksames Interesse. Wahrscheinlich bedarf das Theater in einer Zeit geistigen und gesellschaftlichen Umbruchs der radikalen, bis zum absurden Extrem, bis zur totalen Negation vorgetriebenen Entzauberung, um sich schließlich aus seiner traditionellen Substanz erneuern zu können – und zwar jenseits politischen Meinungsstreites und auch jenseits gesellschaftlicher Ideologien. Wie stark sich der überlieferte Sinngehalt theatralischer Darstellung dennoch durchzusetzen vermag, zeigt ein Blick auf die Geschichte des Theaters: Alle Bemühungen, die Schaubühne zu politisieren und sie als Debattierklub oder als Propagandatrompete zu mißbrauchen, waren auf die Dauer zum Scheitern verurteilt. Sie konnten sich auch gar nicht durchsetzen, denn das Theater gehorcht nun einmal anderen Gesetzen als ein Parlament oder eine politische Versammlung, in der über das Hier und Heute des gesellschaftlichen Zusammenlebens diskutiert und entschieden werden muß. Es gehorcht den Gesetzen der Kunst, die sich dem Überzeitlichen, nicht aber dem Zeitlichen verpflichten.

Natürlich taucht angesichts einer derartigen Feststellung sofort der Verdacht auf, es werde hier einer esoterischen Elfenbeinturmästhetik das Wort gesprochen und Weihrauch vor klassischen Denkmälern entzündet. Aber bürgerliche Konsumgesinnung oder konservative Beharrungstendenzen scheiden als Beweggrund für diese Ansicht von den überzeitlichen Tendenzen der Kunst grundsätzlich aus, da sie sich durchaus realistischer Einschätzung künstlerischer Hervorbringungen verpflichtet fühlt.

Ein wesentliches Merkmal der Kunst ist nämlich nicht, wie gemeinhin (und zwar nicht zuletzt von den bürgerlichen Kunstanbetern) angenommen wird, das Engagement für eine Person, eine Sache, einen Konflikt (oder gar die Identifikation mit ihm), sondern die Distanz, die der Künstler zu seinem Stoff gewinnt. „Das Material muß kalt gehalten werden", sagt Gottfried Benn – und er hatte zweifellos recht mit dieser Formulierung, denn, um im Bild zu bleiben, am „heißen Material" läßt sich nicht arbeiten, es zerfließt und fügt sich keiner Form. Um Form zu schaffen, bedarf es jedoch nicht nur gefestigten Materials, sondern auch einer kühl abwägenden, den Stoff überlegen beherrschenden Rationalität. Der große Dramatiker empfiehlt sich seinem Publikum nicht nur durch den hinreißenden Duktus menschlicher Leidenschaften, sondern vornehmlich auch durch die Art und Weise, wie er diese Leidenschaften, verkörpert in außerordentlichen Individuen, gegeneinander führt, wie er sie in Konflikte verstrickt. Je intensiver es ihm gelingt, sich selbst aus diesem Konflikt herauszuhalten, und das heißt: unparteiisch und objektiv die Charaktere zu schildern und sich entfalten zu lassen, um so erschütternder wird er den dargestellten Konflikt zur Wirkung bringen und damit den Eindruck der „Wahrheit" hervorrufen. Je nachdrücklicher alle Akteure eines Stückes, von der Eigenart ihres Charakters her gesehen, im Recht scheinen – und zwar auch dann, wenn sie nach allgemeiner Norm böse handeln –, um so tragischer und über die Zeiten hinweg verbindlich wirken sie. Parteilichkeit ist das Vorrecht des Zeitlichen, Objektivität und Distanz sind das Merkmal des Überzeitlichen. Wo die Handlung durch Reflexion überprüft und auf ihren absoluten Wahrheitsgehalt reduziert wird, erledigt sich Parteinahme von selbst, und Kunst wird möglich.

Aus dieser Perspektive verliert auch der sozialrevolutionäre Vorwurf, das Theater klassischen Stils diene bourgeoisem Illusionskonsum, seinen diktatorischen Anspruch. Entspringt er doch rein materiellen Vorstellungen vom Wesen der Kunst, die das Kunstwerk mit Kaviar, Sekt oder Sportwagen, mit Hollywoodschaukel, Segeljachten oder anderen Luxusartikeln der Wohlstandsgesellschaft verwechseln und dementsprechend mit spätkapitalistischem Warnanstrich verschmieren. Auf dem Theater, wie in der Kunst überhaupt, wird der Mensch sich selbst konfrontiert, und zwar, sofern es sich nicht um Kunstsurrogate handelt, in gesteigerter, komprimierter Realität. Allerdings orientiert sich diese aus poetisch-reflektierender Distanz gewonnene Realität, gleichgültig, ob sie an Königen oder an Kärrnern exemplifiziert wird, vornehmlich an außerordentlichen menschlichen Situationen und Verhaltensweisen und weniger an banalem Alltagsverhalten: Die menschliche Existenz wird auf dem Prüfstand dichterischer Welterfahrung bis zum extremen Grenzwert belastet. So offenbart sich, wessen der homo sapiens im Guten wie im Bösen fähig ist, sobald ihm Äußerstes abverlangt wird.

Es hat den Anschein, als scheuten die Theaterschriftsteller unserer Tage davor zurück, die Personen ihrer Stücke diesem poetischen Härtetest zu unterwerfen – einem Härtetest, der den „Ewigkeitswert“ eines dramatischen Werkes anzeigt. Wie ihrem materiell orientierten, auf lautstarken Tageseffekt gerichteten Sinn überhaupt alles nicht auf den Tag, auf die Aktualität Bezogene mißfällt und verdächtig erscheint. So weichen sie aus in das Zeter- und Mordiogeschrei tendenziösen Zeittheaters und versuchen sich nicht am Außerordentlichen, sondern am Gewöhnlichen zu orientieren – vorgebend, dies allein sei menschliche Wirklichkeit und jeder Drang nach Höherem befördere die kapitalistische Lebenslüge. Sie übersehen dabei in geradezu selbstmörderischer Verblendung, daß der Mensch, dieses zwielichtige, zwischen Himmel und Hölle angesiedelte Wesen, der außerordentlichen Anstrengung bedarf, um nicht im Morast seiner eigenen Mittelmäßigkeit oder gar Unzulänglichkeit zu versinken. Goethe, einer der Realisten der Lebenserkenntnis, läßt im ‚Faust‘ nicht ohne tieferen Grund den Vers verlauten: „Wer immer strebend sich bemüht, den können wir erlösen.“ Verzichtet der Mensch auf dieses Streben und orientiert er sich allein nach unten, nach seinen entfesselten Instinkten und Gelüsten, nach seinen satanischen Brutalitäten, nach seinen Alltagsbanalitäten und seiner Feigheit vor Lebensproblemen, so gibt er sich selbst auf. Denn nicht diese dumpfen, von allen Sicherungen entlasteten Verderbtheiten der Sinne und des Geistes, nicht die Summe aller menschlichen Schwächen machen die menschliche Realität aus, sondern humane Realität ist – oder sollte doch einzig und allein das sein, was der Mensch außerhalb mittelmäßiger Normen aus sich zu machen versteht.

Um zu sich selbst, und das heißt: zur Demonstration außerordentlicher Humanität, wieder zurückzufinden, muß das moderne Theater wie weiland Tamino in der ‚Zauberflöte‘ die Feuer- und Wasserprobe seiner völligen Negation, seiner Verkehrung ins Proletarisch-Gewöhnliche, der Mißdeutungen und Mißhandlungen ohne Pardon durchschreiten; es muß sich dem Schock des Kontrastes aussetzen, um sich von den kläglichen Resten bildungsbürgerlicher Girlanden, von dem Flitter einer verlogenen Moralität und dem Odium einer Schaubude subventionierter Illusionen endgültig befreien und jene Basis zurückgewinnen zu können, die ihm seit Jahrtausenden seinen Platz und seine Wirkung in der Gesellschaft garantiert – die Basis nämlich der ins Große gesteigerten menschlichen Wahrheit.

Zetern wir daher nicht allzu sehr über die heilsame Krise, von der Opas Theater gegenwärtig heimgesucht wird. Wo Erschütterung stattfindet, wackeln die Kulissen, und wenn sie umfallen, so waren sie nicht wert, daß sie aufgestellt wurden. Die Sorge, es könne durch diesen Kulissensturm das Theater endgültig von den Stoßtrupps der revolutionären Liquidatoren besetzt werden, wiegt leicht gegenüber dem purgatorischen Gewinn; denn für immer und ewig werden die Fahnenschwinger und Protest-Mimen, die Tendenzfanatiker, Publikumsbeschimpfer und Vietcong-Klingelbeutler ihr Heil auf den Brettern, die nur die Welt imaginieren, kaum suchen und finden. Wie andere Agitatoren vor ihnen stellen sie gewiß recht bald mit wachsendem Mißbehagen fest, daß die Schaubühne nur dann zum menschlichen Tribunal erhoben werden kann, wenn sich dort Kunst ereignet. Und das Hervorbringen von Kunst ist ein schwieriges Geschäft, dem sie sich kaum werden unterziehen wollen. Ihr schöpferisches Unvermögen, ihre plakative Kurzatmigkeit und ihre provokatorischen Klischees werden vor dem zeitlosen Anspruch des Theaters kläglich entlarvt. Man braucht kein Prophet zu sein, um vorauszusagen, daß die Agitatoren, nachdem sie ihre revolutionäre Schuldigkeit getan haben, auf andere Schauplätze überwechseln, auf denen die revolutionäre Gebärde mit weniger Aufwand an Geist den notwendigen Effekt verspricht. Die Liebhaber des Theaters unter dessen Verächtern aber dürfen sodann mit dem eigentlichen Reformwerk beginnen – unter der Devise: Das Theater ist tot, es lebe das Theater.

5

Das Überzeitliche und die Subkultur

Vom Mißverständnis der Kunst

Kein Zweifel: die Artisten in der Zirkuskuppel sind ratlos. Enttäuscht starren sie in die Ränge, aus denen kein Beifall zu ihnen heraufschallt. Tollkühn drehen sie ihre Saltos und schlagen Purzelbäume auf dem Drahtseil, aber nicht eine Hand rührt sich zu ihrem Ruhme.

Was sollen sie tun, um die Gunst der Massen wieder auf sich zu lenken? Parterreakrobatik erscheint ihnen als letzter Ausweg – nun proben sie eifrig Bockhüpfen und Spagat. Einst versah man diesen Akt artistischen Abstiegs mit dem Etikett „Die Kunst dem Volke", heute nennt man derartiges Beginnen: gesellschaftliche Progression. Denn, so schallt es von allen Seiten, die Kunst dürfe nicht länger der gesellschaftlichen Kommunikation entraten, sondern müsse hier und heute ihre politische Aufgabe erkennen und erfüllen. „Die gesellschaftliche Funktion der Literatur ist das Entscheidende", sagt Walter Boehlich, ehemals Cheflektor bei Suhrkamp. Und folgerichtig wünscht er die Kritik,die er für bürgerlich-vorgestrig hält, zum Teufel, da sie „Kultur für Kultur" halte und dementsprechend die Aufmerksamkeit von der Frage ablenke, ob ein sogenanntes Kunstwerk auch gesellschaftliche Aktivität entfalte.

Prompt zieht einer der bedeutendsten Komponisten unserer Zeit, nämlich Hans Werner Henze, mit der selbstkritischen Forderung nach, die „Musik gehöre auf die Straße"; was er bisher auf Notenblätter geschrieben habe, sei konterrevolutionärer Ästhetizismus, der nach dem Beifall des Establishment lechze. „Die meisten klagen darüber", so äußerte sich Henze in einem Interview, „daß die Kunst kaputt ist. Es gibt für alles das nur eine einzige Antwort: Sie ist deswegen kaputt, weil sie sich selbst in ihrer eigenen Preziosität kaputt gemacht hat. Und nun ist das, worauf es ankommt, den Weg zu suchen, der ungeheuer schwer ist, sehr viel schwerer als die komplizierteste zwölftönige oder elektronische Komposition, die man sich vorstellen kann, den Weg mit der musikalischen Sprache, auch in ihrer Kaputtheit und Zerstörtheit, hin zu den Menschen, die sie nötig haben, um wach zu werden."

Die Botschaft, die aus solchen bekennerischen Sätzen an unser Ohr schallt, stimmt nachdenklich. Sind wir tatsächlich wieder einmal soweit? Gewiß: der Geruch von Blut und Boden fehlt, aber nach deutschem Mist riechen diese naiv-idealistisch-revolutionären Sätze dennoch, und zwar penetrant. Wird doch hier nichts anderes propagiert als eine neue Art volksnaher Kunst, die, in rechtem Selbstverständnis ihrer gesellschaftlichen Funktion, politisch wachrütteln und ideologisch ausrichten soll. Zu hoffen, eine derart zweckgerichtete Schöpferkraft sei nicht problematisch, sie könne sich auch dann noch als Kunst behaupten, wenn sie sich auf der Straße prostituiere, ist reiner Selbstbetrug. Wohin Partei-, Staats- und Gesellschaftskunst führt, zu welchen Nivellierungen und billigen Goodwill-Dienereien sie herausfordert, können wir aus leicht greifbaren Quellen studieren, die uns die faschistischen und die kommunistischen Diktaturen freigiebig lieferten und noch liefern.

Freilich möchten solcher Entwicklung auch Boehlich und Henze nicht den Weg bereiten – aber man wird sie, wie alle Vorkämpfer, späterhin kaum noch fragen, ob ihnen die Geister, die sie jetzt beschwören, de facto noch zusagen. Dann ist nämlich ganz gleich, von wo der gesellschaftliche Wind weht, ob von links oder von rechts – schöpferische Freiheit wird er schwerlich anzeigen.

Das Mißverständnis der Kunst, das sich in solchen und ähnlichen Erklärungen zur geistigen Lage offenbart, hat allerdings tiefere Gründe: es bezeugt den eingangs angedeuteten Katzenjammer der ratlosen Artisten in der Zirkuskuppel, die in individualistischer Verzückung Jahrzehnte hindurch ihre einsamen Kunststückchen turnten und mit hochmütiger Verachtung in die verständnislos starrenden Gesichter ihrer zahlenden Zuschauer hinablächelten. Des obligaten Beifalls der Zunftgenossen sicher, scherten sie sich einen Deut um die Gesellschaft und deren Probleme: selbstgefällig projizierten sie ihre eigenen Hirngespinste an das Zeltdach und behaupteten keck, dies sei die Wirklichkeit. Nun aber, da diese Wirklichkeit nicht standhält und die Trapeze über leeren Sitzreihen schaukeln, predigen sie Besinnung und begeben sich ins Parterre, um den verachteten Brüdern die Hand zu reichen und der engagierten Subkultur das Wort zu reden.

So geraten sie von einem Extrem ins andere. Denn sowenig die Kunst im luftleeren Raum über den Köpfen der Gesellschaft sich etablieren kann, so wenig sollte sie sich unmittelbar mit der Gesellschaft gemein machen und mit ihr auf die Barrikaden der alltäglichen Bedürfnisse (oder auch nur Scheinbedürfnisse) steigen. Kunst manifestiert sich nämlich weitaus häufiger in einem Spannungsverhältnis zur Gesellschaft als in Übereinstimmung mit ihr. Das liegt nicht zuletzt in der anthropologischen Tatsache begründet, daß der täterische Mensch geschichtlich bestimmender auf die Gesellschaft und ihre Bedürfnisse einwirkt als der schöpferisch reflektive, dessen geistiger Einfluß sich in der Regel nur allmählich (und oft erst über Generationen hinweg) durchsetzt.

Viele Parnass-Wanderer litten an ihren Zeitgenossen, die für sie nur die Qual der Ignoranz bereithielten. Genies sind gesellschaftlich unbequem. Seit den Tagen der Renaissance, als sich die Künstler ihrer schöpferischen Individualität bewußt wurden, kämpfen die Dichter, Komponisten und Maler nicht nur um ihr Publikum, sondern meist auch gegen ihr Publikum. Wer nicht bereit ist, sich der Tagesrhetorik zu unterwerfen und dem Für und Wider der Meinungen zu huldigen, kurzum: wer sich gesellschaftsideologisch nicht integrieren läßt, dem wird erbarmungslos die Außenseiterrolle zugewiesen; um den Preis der Einsamkeit und Verkennung muß er sein Werk schaffen.

Denn große Kunst strebt, und zwar auch dort, wo sie sich zu engagieren scheint, stets nach Ausdruck überzeitlicher Sachverhalte; die Bindung an das Zeitliche widerstrebt ihrem innersten Antrieb und Auftrag. Aus dem Sieg über die Zeit bezieht sie ihre Faszination und ihre Dauer über den Tag hinaus. Wäre die Schilderung gesellschaftlicher Verhältnisse das Hauptmerkmal Shakespearescher Trauerspiele, so würden uns heute kaum noch die Schicksale Hamlets, Othellos oder Romeos erschüttern – ganz zu schweigen von den Inhalten der antiken Tragödie, die mit unserer modernen Gesellschaftsstruktur ebensowenig oder ebensoviel gemein haben wie ein Überschallflugzeug mit dem Schneider von Ulm. Auch der Apoll von Belvedere, auf seine gesellschaftliche Aussagekraft beschränkt, erschiene uns lediglich als kunstfertig gerundeter Marmor und nicht als Inkarnation vergöttlichter und zum geistig-sinnlichen Leitbild erhobener Menschengestalt.

Es sind also kaum die gesellschaftlichen Konstellationen vergangener Epochen, die uns in den überlieferten Kunstwerken ergreifen. Ebensowenig aber ist bildungsbürgerliche Kulturheuchelei für die Präsenz künstlerischer Überlieferung verantwortlich: musealer Kunstgenuß, zum Statussymbol erhoben, würde unweigerlich in interesseloser Langeweile versanden, falls ihm nicht eine aktivierende Kraft antwortete.

Was vielmehr aus den Kunstwerken der Vergangenheit in die Gegenwart hineinspricht, das ist ihr überzeitlicher Gehalt an menschlicher Wahrheit – einer Wahrheit, die, in welcher gesellschaftlichen Konstellation auch immer, seit den Tagen, in denen der Mensch seinen geschichtlichen Weg antrat, die gleiche geblieben ist: das tragische Bewußtsein der zeitlichen Existenz und damit die individuelle Absonderung von dem universalen Gang des Weltganzen.

Dieser Einsicht freilich widersetzten sich die Verfechter der totalen Gesellschaft mit dialektischer Leidenschaft. Verstrickt in die Utopie zukünftiger Sozialparadiese und überzeugt von dem spätkapitalistisch-repressiven Charakter der Kultur, erblicken sie im überzeitlichen Wahrheitsanspruch der Kunst einen Feind des Fortschritts. Größe ist ihnen als Ausdruck autoritären Machtanspruchs verdächtig, und das Ergreifende oder Erschütternde bietet sich ihnen nur dar als Manipulation der Gefühle zum Zweck gesellschaftlicher Unterdrückung. Unfähig, die menschenbildnerische Kraft künstlerischer Leitbilder zu erkennen und deren Wahrheitsgehalt zu vertrauen, bekennen sie sich zur Subkultur, die mit Pop und Comics, mit Beat-Scherzen und verjazzter Klassik sowie mit Protestsongs ein neues Zeitalter künstlerischer Massenkommunikation einleiten soll.

Das Primitive, raffiniert verpackt, empfiehlt sich als letzter Schrei der Parterreakrobaten, die sich in der staubigen Gesellschaftsmanege nunmehr dem konsumfreudigen Volk empfehlen. Welche grotesken Ergebnisse solches Tun zeitigt, wurde offenbar, als Hans Werner Henze aus seiner Selbstkritik die künstlerischen Konsequenzen zu ziehen hoffte: die Uraufführung seines Oratoriums ‚Das Floß der Medusa', „Che" Guevara gewidmet und für 80000 D-Mark dem Norddeutschen Rundfunk verkauft, scheiterte an Verfahrensfragen. Weigerte sich Henze doch standhaft, ohne das Attribut einer roten Fahne zu dirigieren, indes sich die Interpreten und ein Teil des Publikums die politische Demonstration verbaten. Prompt konnten am nächsten Morgen die Gazetten zum Frühstück einen Skandal mit obligatem Polizeieinsatz servieren; im Trubel der Auseinandersetzungen war nämlich besagte Uraufführung unsanft verblichen.

Aber auch dieses Debakel wird kaum dazu beitragen, die verworrenen Eiferer von ihren subkulturellen Wegen abzubringen, auf denen sie eine Umfunktionierung der Gesellschaft erreichen wollen. Dennoch sei ihnen gesagt: ob Horst Wessel oder „Che" Guevara, ob rote Fahne oder Hakenfreuzfahne, ob rechts oder links, ob Subkultur oder Volkskultur – die Kulissen sind austauschbar, aber die Verhaltensweisen und leider auch die Folgen sind die gleichen: sie führen zur Unfreiheit, zu Knechtung und Verzweckung künstlerischer Aussage und zu einer absoluten Nivellierung der Kultur.

Wir haben genug schlechte Erfahrungen mit politischer Parterreakrobatik und Subkultur in der Kunstarena gemacht, um uns diese schlechten Scherze, diese Entertainer-Kalauer noch einmal leisten zu können. Fahnenmetaphysik und Heldenoratorien sind ebensowenig geeignet, die Gesellschaft zu verändern, wie Supermänner in Mondraketen und Kolle-Nackedeis mit drei sexuellen Weißmachern.

Keine Epoche war je zuvor hoffnungsloser in die materielle Zeitlichkeit verstrickt als die unsere. Um so tieferen Gewinn könnte gerade sie aus dem Erlebnis der Überzeitlichkeit, die sich im großen Kunstwerk offenbart, ziehen. Solches Verhalten wäre weit weniger „faschistoid" als der Fetischismus, der statt dessen mit der „Politisierung der Kunst" getrieben wird.

6

Die Micky-Mäuse der Kulturrevolution

Die Barbarei der Comics

Auf die Micky-Maus für Intellektuelle mußten wir lange warten – aber jetzt tritt sie endlich auf. Sie heißt Barbarella und tummelt sich „oben ohne" (und gelegentlich auch „unten ohne") im Weltraum, besteht haarsträubende Abenteuer und versprüht Sex über Planetensysteme und Milchstraßen. Keine Perversität zwischen Masochismus und Sadismus bleibt ihr fremd; aber was ihr auch immer geschieht, sie erträgt's mit entwaffnendem Gleichmut. Zu guter Letzt läßt sie ihren sinnlichen Lippen die moralische Spruchblasenfrage entquellen, in wessen Armen sie wohl „den Sieg des Guten über das Böse feiern" wird.

Nun: die Frage bleibt nicht lange unbeantwortet, und auf geht's zu neuen Taten auf dem Weltraumstrich. Denn ein Mädchen wie Barbarella ziert sich nicht lange, wenn es gilt, Weltraumbürgern die Freuden irdischer Liebe zu offenbaren: Als zünftige Weltraumhure pendelt sie in allen möglichen und unmöglichen Raumschiffen zwischen Sternen nicht minder selbstverständlich hin und her als ihre Kolleginnen auf den einschlägigen Trottoirs terrestrischer Großstädte.

Man sieht: Barbarellas geistiger Vater, ein Franzose namens Jean Claude Forest, hat seine Phantasie mächtig strapaziert, um sein Mädchen attraktiv zu verkuppeln. Während sich seine Kollegen von der Photo- und Filmbranche noch damit abplagen, den irdischen Sex richtig in Schwung zu bringen, eilt er seiner Zeit bereits kühn voraus und betreibt Pornographie im Bereich der Lichtjahre. In diesem Punkt ist er selbst seinem begabteren und in der perversen Pointe noch frecheren Malkollegen Guy Peellaert überlegen: Der ersinnt zwar auch recht widerwärtige Situationen, aber in den Weltraum wagt er sich denn doch nicht vor. Dafür widerfährt ihm jedoch die Ehre, von Peter Zadek mit einem Ritterschlag bedacht zu werden. Zadek erklärt nämlich im Vorspruch zu Guy Peellaerts auch nunmehr für deutsche Leser zugänglichen Horror-Strips kurz und bündig:

„Peellaert steht zwischen Pop als Kunst und echtem (vulgärem) Pop. Seine Welt, wie die von Warhol, Lichtenstein, Godard oder auch Phöbe Zeitgeist, ist Ausdruck des übersensiblen, überstrapazierten Ästheten, der sich aus der Außenseiterposition des nichtprogrammierten Künstlers mit der Konsumwelt (Film, Werbung, Readers' Digest) auseinandersetzt, der diese Vulgärwelt aber genießt und auch seine eigene provozierende Antihaltung dazu mit genüßlicher Schizophrenie darstellt. Makabrer Jugenstil, sadomasochistische Erotik, in raffiniertem Wechsel mit Comic-Strip-Pubertät, Horrorfilm-grell, aber ins Hochkünstlerische übersetzt. ... Ein wichtiges Ereignis für Deutschland: Sex-Kunst mit Witz und Schärfe, nicht neckisch. Ein geeignetes und lehrreiches Verlobungsgeschenk."

So weit Peter Zadek. Und er hat recht: Neckisch ist das nicht, wenn Jodelle, der feminine, und Pravda, der maskuline Zwitter in grellen Pop-Farben auf Super-Motorrädern ihre Reize durch die Gegend schleudern und nach allen Regeln der Folterkunst verklemmte Sexbedürfnisse befriedigen. Das ist schon eher ein Fall für den Psychiater. Allein über den nichtprogrammierten Wortschatz des überstrapazierten Ästheten Peellaert ließe sich ein tiefenpsychologisches Buch schreiben, über alle die Ahs und Ohs und Krrs und Krras und Cnaarhs und Tonks. Das krächzt und plumpst und knarrt nur so durch die knalligen Bildserien, als ob eine Horde Urmenschen eine Überdosis Hormone gefressen habe und daraufhin alle Sicherungen der Aggression auf einen Schlag in die Luft jage. Aufregende Busen schwappen kalten Revolverläufen entgegen, und feiste Zigarrenraucher, die aus dem ‚Stürmer' unseligen Angedenkens entsprungen scheinen, weiden sich wollüstig an den Sexqualen roh entblätterter Flittchen. Fürwahr: zu lange schon darbten wir nach sadomasochistischer Erotik und nach genüßlicher Schizophrenie, die uns ein prüdes Establishment von moralischen Weißmachern vorzuenthalten suchte. Nun endlich dürfen auch wir, Uff und Krra und Kroak stöhnend, den Vergewaltigungen und Quälereien beiwohnen, die Herr Peellaert aus Protest gegen die Konsumwelt für uns ersann, und kein Volkswartbund kann uns deshalb belangen: Zeigen wir uns doch auf der Höhe des Fortschritts, wenn wir entschlossen Peellaerts Antihaltung mitvollziehen.

Was dem einen Rembrandt, das ist dem anderen Pop, Bum, Kroak und Zip! Ha-ha-ha, lachen da die Untermenschen und ziehen den Busenmädchen die Slips aus – aber: „nichts da" denken diese bei sich, greifen sich ein paar Maschinenpistolen und machen „douk-douk-douk", und schon purzeln die Muskelmänner übereinander – aber „Gott sei mit dir" verkündet die unvermeidliche Spruchblase, und neue Ohs aus dem Hintergrund signalisieren bereits die nächsten Fatalitäten – so geht das weiter und weiter, bunt und grell und pornographisch: Guy Peellaert und kein Ende ...

Aber fast hätten wir über Jodelle und Pravda unsere liebe Barbarella vergessen, die noch immer im Weltraum herumschwirrt und just erneut ihren Büstenhalter aufdröselt, um sich einem Prinzen hinzugeben, der ihr das Leben rettete: Sie bleibt eben niemandem etwas schuldig – aber: nichts da! knurrt ein verirrter Saurier und liefert sie der Prinzessin aus, die nun ihrerseits sadistisches Vergnügen fordert.

Barbarella ist, so schreibt der deutsche Verlag in seinem einschlägigen Prospekt – „Barbarella ist die erste Comic-Heldin für Erwachsene. Eine Pionierin für die große Sex- und Kulturrevolution." Und von Mademoiselle Pravda wird im gleichen Prospekt gesagt: „Sie führt eine Motorradmädchen-Bande über das moderne Establishment hinweg. Vorwärts zur Anarchie, zu LSD und freier Liebe. Eine Jeanne d'Arc des 21. Jahrhunderts ..."

Wie gesagt: ein Fall für den Psychiater. Aber niemand bemüht ihn; statt dessen werden metaphysische Zementierungen vorgenommen, wie Peter Zadeks tiefsinnige Leitsätze beweisen. Zementierungen, die das Vulgäre als Kulturfortschritt anpreisen und die Anarchie zum Gesellschaftsprinzip erheben. Die Spruchblasenspeier als Protagonisten der Pop-Kultur spielen Eia-Popeia im Weltraum und erzählen das Märchen vom Rotbusen und dem Mondschaf, Schneeflittchen wird von Marsmenschen gefoltert und Dornhöschen mit Maschinenpistolen wachgekitzelt: Grimms Märchen für den schlechten Geschmack des 20. Jahrhunderts, auf Pop-Tellern serviert.

Nun: diese seltsamen ‚Comics für Erwachsene' würden die Polemik nicht lohnen, die man gegen sie auffährt, wenn sie als das angeboten würden, was sie de facto sind: als Pornographie. Aber das kulturrevolutionäre Etikett, mit dem sie sich brüsten, fordert schärfsten Widerspruch heraus; eine energische Klarstellung der Grenzverhältnisse zwischen Kunst, aber auch zwischen Politik und Sinnenkitzel auf primitivstem Niveau wird notwendig. Denn der Protest (und damit auch das Verständnis für ihn) hört genau dort auf, wo die Manipulation beginnt. Oder glaubt Peter Zadek im Ernst, daß die gesellschaftliche Verklemmung unserer Tage durch eine raffinierte Melange aus „makabrem Jugendstil, sadomasochistischer Erotik" und „Comic-strip-Pubertät" behoben werden könne? Avanciert durch solche kokett-pseudomodernistische Interpretation nicht der Bock zum Gärtner mit dem Ergebnis, daß die ohnehin grassierende Inhumanität und soziale Destruktion noch grausamer fortschreitet?

„Dem Menschen ist", sagt Goethe, der Lebenspraktiker par excellence, „in seinem zerbrechlichen Kahn eben deshalb das Ruder in die Hand gegeben, damit er nicht der Willkür der Wellen, sondern dem Willen seiner Einsicht Folge leiste." Was aber tun die geschäftigen Comic-Stripper? Sie handeln wie Rauschgiftverkäufer, die ihre süchtigen Kunden mit immer neuem Stoff versorgen, unter dem heuchlerischen Vorwand, dies sei die fortschrittlichste Art der Therapie. Ein Arzt, der nach dem gleichen Grundsatz einem Zuckerkranken etwa statt einer Insulininjektion eine Überdosis Zucker verabreichen würde, um ihn zu schocken, verlöre nicht nur seine Approbation, sondern müßte sich auch eine Untersuchung seines Geisteszustandes gefallen lassen. Aber sobald das Zauberwörtchen Kunst in die gesellschaftstherapeutische Debatte geworfen wird, verstummt sofort jede vernünftige Einsicht, und jeder Quacksalber, Kurpfuscher und Rattenfänger darf sein Teufelsgebräu unter dem Applaus derjenigen, die sich für die öffentliche Meinung halten, unter die Leute bringen.

Dieser Sachverhalt mutet merkwürdig genug an in einer Zeit, die auf Tabus überaus allergisch reagiert und Zäune der Konvention einreißt, wo immer sie ihrer ansichtig wird. Nur die Kunst erfreut sich inmitten dieser Tabustürmerei eines Götzendienstes irrationalen Ausmaßes. Die idealistischen Restbestände des 19. Jahrhunderts feiern fröhliche Urständ und umfrieden einen heiligen Bezirk, in dem auch das Unmenschliche unbehelligt gedeihen darf, sofern es nur den Weihrauchwedel des „noli me tangere" mit tierisch-ernstem Seherblick hin und her schwingt. Selbst heruntergelassene Hosen oder rhythmisches Protest-Geschrei avancieren unter solchen Voraussetzungen zur Kunst, und es genügt bereits, eine Tube Zahnpasta mit dem Fuß zu zerquetschen und dann auf einer Glasplatte zu drapieren, um durch eine solche Aktion künstlerischen Widerspruch gegen die Gesellschaft zu bekunden.

Man nennt das künstlerische Freiheit. Und niemals war von dieser künstlerischen Freiheit mehr die Rede als in diesen Jahren: Der Begriff wurde zu einem revolutionären Gemeinplatz, der bei jeder passenden oder auch unpassenden Gelegenheit den Opponenten des Establishment von den Lippen blubbert. Aber dieses Freiheitsgeschrei erscheint verdächtig. Es sei hier noch einmal ein Hinweis auf Goethe erlaubt, der sich in Sachen Humanität wie kaum ein anderer wirklichkeitsnah auskannte; er schreibt: „Wie man denn niemals mehr von Freiheit reden hört, als wenn eine Partei die andere unterjochen will und es auf weiter nichts abgesehen hat, als daß Gewalt, Einfluß und Vermögen aus einer Hand in die andere gehen sollen. Freiheit ist das Losungswort der Despotie selbst."

Unter diesem Aspekt entlarven auch die sexwütigen und mordlustigen Pravdas, Jodelles und Barbarellas, die als intellektuelle Micky-Mäuse der Kulturrevolution via Comics auf uns losgelassen werden, ihre gesellschaftsfeindliche und inhumane Machtgier: Unter Berufung auf die Freiheit der Kunst, auf deren heilige Unantastbarkeit und gesellschaftliche Verbindlichkeit versuchen sie die Anarchie unserer Triebe und Empfindungen, unseres Denkens und Handelns auszurufen, um die eigene geistige und politische Schreckensherrschaft ohne nennenswerte Gegenwehr aufrichten zu können.

Die künstlerische Freiheit aber hört dort auf, wo die Gemeinheit und das Kriminelle anfangen. Gegen diesen Einwand sticht auch das Argument nicht, eine verblödete Konsumgesellschaft könne aus ihrer spätkapitalistischen Verbraucherhaltung nur durch Antikunst aufgeschockt werden. Denn die einschlägigen „Kunstverfremder" dürften wohl selbst längst herausgefunden haben, daß sie gerade mit diesen Comics breiten Verbraucherkreisen gewinnträchtige „Ware" anstatt Strukturveränderungen anbieten, indem sie geistigen Bordell-Ersatz und autogenes Aggressionstraining frei Haus liefern ...

Ob SS, grüne Teufel oder Pravda-Rockers – die Psychogramme gleichen sich aufs Haar und signalisieren die Heraufkunft eines neuen Zeitalters der Inhumanität. Deshalb müssen wir, sofern wir überhaupt von der Spezies Mensch in Zukunft noch etwas mehr als LSD-Räusche, Sex-Orgien und Revolverknallen erwarten, diese Comics für Erwachsene mindestens so ernst nehmen, wie sie sich selbst ernst nehmen. Spaß jedenfalls ist das alles schon lange nicht mehr.

7

Zukunftsmusik vom Koordinatenblatt

Der Sprachingenieur als Kommunikationshelfer

Werner Hofmann, der Direktor der Kunsthalle in Hamburg, hielt vor einiger Zeit einen beachtenswert-provokanten Vortrag zum Thema ‚Kunst – wie lange noch?'. Im Zeitalter ihrer totalen Verfügbarkeit, so sagte Hofmann, sei die Kunst sich selbst problematisch geworden. Als hypertrophierte Kulturindustrie, die bereits mit der Vergnügungsindustrie flirte, habe sie ihre Glaubwürdigkeit und auch ihre gesellschaftliche Verbindlichkeit verloren; sie entarte zu einem Surrogat, das die wohlstandsverwöhnte Konsumgesellschaft sogar noch in Schockdosis widerspruchslos, ja mit bildungsspießerischem Behagen schlucke. Unter der Voraussetzung dieses Sachverhaltes sei der Protest gegen den Kunstbetrieb nicht nur verständlich, sondern auch berechtigt. Allerdings müsse auch dieser Protest durch Anpassung an den „kapitalistischen Produktions- und Konsumapparat" erkauft werden, da nur dieses System der Meinungsverbreitung in der gegenwärtigen Gesellschaft eine aktivierende Breitenwirkung garantiere. Mit anderen Worten: Selbst Anti-Kunst, als Schock-Opposition gegen die kulinarische Verbraucherhaltung formuliert, avanciert auf dem Weg durch die kapitalistische Verbreitungsmaschinerie zu Kunst oder Pseudokunst und wird kunstmarkt- und museumsreif. Sie führt dadurch nicht nur den kapitalistischen Kulturbetrieb, sondern auch sich selbst ad absurdum. Als Ausweg aus diesem Teufelskreis (und damit auch als Antwort auf die Frage „Kunst – wie lange noch?“) empfiehlt Hofmann die totale künstlerische Enthaltsamkeit. „Wäre der Künstler konsequent“, so sagt er, „müßte er den Pinsel aus der Hand legen. Und genau das sollte heute der Künstler tun, der sich vom Bestehenden nichts erwartet, der weder mit der Kulturaura paktieren noch in die Konsumzirkulation eintreten will.“

Dieses Fazit eines international anerkannten Museumsleiters mag auf den ersten Blick tief pessimistisch anmuten und in seiner Radikalität vielleicht sogar befremden, aber im Grunde zieht es nur sach- und wirklichkeitsgerechte Folgerungen aus einer aussichtslosen Lage. Denn ein vermessen wuchernder, sich tief in die Hirne und Seelen der Zeitgenossen einfressender Materialismus muß fast gesetzmäßig den geistig-künstlerischen Nihilismus herausfordern. Kunst, ihrem Wesen nach zweckfrei, ändert ihr Wesen, sobald sie verwertet – und das heißt: ausgebeutet wird wie eine Silbermine oder ein Erdölvorkommen. Die Verwandlung von Kunst in Ware, eine Errungenschaft vornehmlich des bürgerlichen Zeitalters, leitete den Entwertungsprozeß ein, an dessen Ende wir heute stehen. Gewiß: seit eh und je (und nicht erst seit den frühkapitalistischen Tagen der Renaissance oder der nachrevolutionären Bourgeoisie des 19. Jahrhunderts) arbeiteten Künstler nach Auftrag und empfingen (oft sogar recht ansehnlichen) Lohn für das Ergebnis ihrer schöpferischen Anstrengung; aber dieser Lohn würdigte das Kunstwerk längst nicht in dem Maß zur Ware herab wie die kulturelle Verbraucherhaltung der bürgerlich-besitzbesessenen Gesellschaft. Der Künstler sieht sich in die ihm unangemessene und auch ungewohnte Rolle des Produzenten gedrängt, und er verliert in dieser Rolle Selbstvertrauen und Naivität. Für den Konsum schaffend und auch dort noch auf den Konsumerfolg hoffend, wo er sich protestierend gegen ihn auflehnt, schielt der Künstler insgeheim nach bürgerlicher Anerkennung und auch nach bürgerlichem Wohlergehen. Um dieser Schizophrenie zu begegnen und das eigene schöpferische Gewissen zu dämpfen, entwickelt er progressive Programme in der utopischen Absicht, die Gesellschaft, die ihm widerstrebende Anpassung abverlangt, durch den aufrüttelnden Anruf seines Werkes derart verändern zu können, daß sie mit seinen Intentionen übereinstimmt.

Aber solche Wunschvorstellungen, mögen sie auch Beifall verdienen, sind zum Scheitern verurteilt, weil sie den Kompromiß zum künstlerischen Prinzip erheben. Sie scheuen die Einsamkeit, die der Künstler auf sich nehmen muß, wenn er seinen schöpferischen Auftrag, unabhängig von den modischen Trends gesellschaftlicher Interessengruppen, erfüllen will.

Und für diese Einsamkeit, für Schweigen-Können, wo alle schwatzen, spricht sich Werner Hofmann aus. „Man muß sehr viel sein, um nichts mehr auszudrücken", hatte Gottfried Benn bereits 1937 in dem (erst 1949 veröffentlichten) Prosatext ‚Weinhaus Wolf' geschrieben – und er hatte hinzugefügt: „Schweige und gehe dahin."

Denn von der zeitgenössischen Kunst, von der Literatur, von der Musik in dieser Epoche babylonischer Konsumverwirrung und -verirrung noch ein Wort zum metaphysischen Sonntag erwarten zu wollen, erscheint müßig und hoffnungslos. Wo sich die Künstler zu Wort melden, drohen sie sich bereits zu korrumpieren – und daran ändern weder Autorenkombinate anstelle von Verlagsunternehmen noch formierte Literaturproduzenten oder pseudorevolutionäre Gesten musikalischer Derrière-Gardisten auch nur einen Deut.

Ohnehin arbeiten die progressiven Zukunftsvisionäre unter dem Vorwand objektivierender Ernüchterung an der Liquidation der Kunst, indem sie mit Rechenschieber und Computer die schöpferische Initiative auf einen rationalen und damit exakt verfügbaren Nenner zu bringen versuchen. Professor Max Bense von der Technischen Hochschule Stuttgart zum Beispiel bastelt seit Jahren an einer mathematisch fundierten und abgesicherten Ästhetik, und neuerdings überraschte Professor Wilhelm Fucks, seines Zeichens Physikordinarius an der Technischen Hochschule Aachen, durch ähnliche Überlegungen. Nachdem er schon zu einem früheren Zeitpunkt die weltpolitischen Fragen der Gegenwart und der Zukunft durch exakte Berechnung der Machtverhältnisse und die daraus sich ergebenden Folgerungen auf seine Weise beantwortet hatte, übertrug er nun linguistische und literarische Probleme auf sein Koordinatenpapier. Er verbindet mit dieser durchaus ernstgemeinten Koordinatenspielerei zwei Absichten: Zunächst möchte er Grundlagen schaffen für objektive literarische Urteile auf der Basis der exakten Wissenschaft, und zum andern trachtet er mit Hilfe seines Beweismaterials nach einer gründlichen Reform unserer derzeitigen Sprache, die seiner Meinung nach unrationell sei und dementsprechend vor zukünftigen Aufgaben der computerbeherrschten Gesellschaft weitgehend versage.

Zog Werner Hofmann in seinem Referat die schöpferischen Konsequenzen aus dem geistig-kommerziellen Zwiespalt der spätkapitalistischen, radikal auf materialistische Zwecke gerichteten Gesellschaft, indem er für das Verstummen plädierte, so vertritt Professor Fucks als Nachfahre und Erbe des positivistischen Denkens den genau entgegengesetzten Standpunkt. Er möchte die Kunst, hier im speziellen Fall: die Literatur endgültig in den positivistischen Fortschrittsprozeß integrieren, und das heißt: er möchte sie funktionell einordnen und damit ihrer zweckfreien Außenseiterrolle ein für allemal entkleiden. Zwar beteuert er in seinem Buch ‚Nach allen Regeln der Kunst‘ mehrfach, seine Koordinatenmethode, die Sprachkunstwerke nach „Wortfeldern“, Betonungskurven, Silbenhäufigkeit und anderen quantitativen Merkmalen analysiert – zwar beteuert er, die Grenzen dieser Methode zu kennen und auch zu achten, aber gegen Schluß des Buches taucht dann ein Kapitel auf, das ziemlich eindeutig offenlegt, welche Perspektiven diese von Professor Fucks errechneten „Regeln der Kunst“ eröffnen. Das Kapitel ist überschrieben: ‚Brauchen wir einen Sprachingenieur?‘, und gleich unterhalb dieser Kapitelüberschrift lesen wir die Sätze:

„Wenn man will, daß man sie versteht, muß man die gleiche Sprache sprechen – im wörtlichen und übertragenen Sinn. Wenn man erreicht, daß die Menschen die gleiche Sprache sprechen, hat man erreicht, daß sie sich verstehen. Aber umgekehrt auch, daß man es nicht zustande bringen wird, daß die Menschen die gleiche Sprache sprechen, wenn man es nicht zustande bringt, daß sie sich verstehen. Will man die Gesellschaft ändern, so muß man ihre Sprache ändern. Jedenfalls ändert sich, wenn sich die Gesellschaft ändert, auch ihre Sprache. Wenn diese Sätze gelten, so wird mit ihnen eine Aufgabe suggeriert und deren Größe gekennzeichnet, die säkulare, weltweite und revolutionäre Bedeutung haben kann."

Professor Fucks versteht sich (Positivisten sind, infolge ihres ungestörten Selbstbewußtseins, doch recht glückliche Menschen!) als Vorkämpfer dieser säkularen Sprachreform, zu deren Verwirklichung die „Sprachingenieure" aller Länder und Kontinente aufgerufen werden. Sie sollen Sprachen konstruieren, die laut Fucks „rationeller, weniger mißverständlich und schöner als die überkommenen ..." sind – denn, so argumentiert der Autor etliche Zeilen später, „die Maschine kann unmöglich erfassen, was im Fluß der gewachsenen Sprache mitklingen und mitschwingen kann ...". Selbstverständlich ist Professor Fucks, der sich ja immerhin als ernstzunehmender Wissenschaftler (wenn auch als linguistischer Außenseiter) mit dem Stoff auseinandersetzt, nicht so vermessen, die auf ihre logischen Strukturen hin programmierte und rational ausgekühlte, auf den Computer zugerichtete Sprache als poetisches Medium zu propagieren: Er klammert vielmehr das poetisch-schöpferische Problem bei seiner Koordinatenequilibristik entschlossen aus, weil es ihn bei der quantitativen, aufs sprachliche „Umfunktionieren" (und damit aufs nüchterne Funktionieren) gerichteten Untersuchung der sprachlichen Strukturen eher stört als interessiert. Mit der neuen, computergerechten Sprache würden ja die Poeten ohnehin (sozusagen im Nebeneffekt) auf elektronisch-exakten Vordermann gebracht.

Inzwischen liefern die Computer, entsprechend programmiert, schon die Kunst von morgen: Graphische Zeichen, Töne und Worte quellen aus den Schaltsystemen und demonstrieren objektive Maschinenkunst, die sicher bald ebenso in den kapitalistischen Konsumkreislauf eingeschleust wird wie der antikünstlerische Protest. Damit wäre die Absurdität der nihilistischen, antimenschlichen Kunstproduktion vollkommen – und diese völlige Negation könnte möglicherweise den Weg frei machen für den Künstler, der abseits von der Konsumwelt der großen Maschinen und ihrer Manipulierer neue schöpferische Ansätze sucht.

Der europäische Nihilismus, schrieb Nietzsche, sei unausweichlich; denn nur er führe zu einer radikalen Kritik und damit zu einer Liquidation aller tradierten Werte. Wir haben, so notierte er, „irgendwann neue Werte nötig".

Um dieser neuen Werte willen, die im Grunde nur wiedergefundene und in ihrem Sinn neu begriffene alte Werte sein können, sind die Torturen notwendig, denen wir uns gegenwärtig ausgesetzt sehen. Das Verstummen des Künstlers wäre angesichts dieser Krämpfe und Spannungen eher ein positives als ein negativ-pessimistisches Zeichen – ein positiveres jedenfalls als die positivistisch-funktionelle Zukunftsmusik, abgespielt vom Koordinatenblatt. Denn dieses Verstummen würde auf Einsicht und Überlegenheit hinweisen. Auf Wasser schauen und schweigend die Verwandlung erwarten, riet einst Gottfried Benn, nach Nietzsche einer der tiefsten Kenner und Diagnostiker kunstpsychologischer Sachverhalte. Und kühn plädierte er für die mönchische Einsamkeit der schwarzen Kutten, in der sich der Künstler, von der Welt nichts mehr erwartend, tapfer dem Anruf des Nichts stellt, getreu dem Spruch, den Benn an den Schluß seines autobiographischen Rechenschaftsberichtes ‚Doppelleben' setzte:

„... schweigen und walten,
wissend, daß sie zerfällt,
dennoch die Schwerter halten
vor die Stunde der Welt."

8

Werktreue – ein repressiver Wahn?

Die Manipulation dramatischer Texte

Die Feuilletons unserer Gazetten fanden wieder einmal willkommenen Anlaß, in kulturkritischer Entrüstung zu schwelgen. In streitfertigen Artikeln kündeten sie von „ungeheuerlichen Vorgängen“, die sich am Staatstheater in Stuttgart zugetragen hätten. Die Schreiber brannten Brillantfeuerwerke fortschrittlich-kulturrevolutionärer Schlagworte ab, um für die bedrohte künstlerische Freiheit zu demonstrieren und das repressive Verhalten eines verstockten Kulturestablishments zu brandmarken. Was war geschehen? In sechs Wochen angestrengter Probenarbeit hatte der junge Regisseur Hans Neuenfels Edward Albees Stück ‚Alles im Garten‘ schocktherapeutisch derart umfunktioniert, daß die Vertreterin des Theaterverlages S. Fischer die Urfassung bei einem Probenbesuch kaum mehr wiedererkannte. Sie erhob Einspruch, und der telegraphisch alarmierte Autor pflichtete ihr bei. Da Neuenfels sich nicht bereit zeigte, von seinem Konzept abzuweichen, mußte die Premiere abgesagt werden. „Physisch und psychisch vollkommen fertig“, fuhr laut ‚Spiegel‘ der enttäuschte Theaterrevolutionär aus Stuttgart ab.

Nun wäre diese Affäre kaum der Rede wert, wenn sie die Hüter der öffentlichen Meinung nicht derart parteiisch zu einer Grundsatzfrage hochgespielt hätten. Auseinandersetzungen dieser Art gab es beim Theater schon immer – und sie werden auch in Zukunft nicht ausbleiben. Sich deshalb ideologisch zu verausgaben erscheint müßig. Aber Sachlichkeit und vernünftige Gelassenheit ist offenbar nicht das Gebot der feuilletonistischen Stunde. Jede Andeutung eines Skandals wird gern und willig aufgegriffen, um die tierisch-ernste Streiterpose des Gerechtigkeitsfanatikers einzunehmen und meinungsöffentliche Gardinenpredigten vom Stapel zu lassen. Der konkrete Vorgang entschwindet angesichts derartiger Eskalationen recht bald aus dem sachlichen Blickfeld, und was übrig bleibt, das ist reine Moralideologie. Und dafür hegen die Deutschen ja bekanntlich eine besondere Vorliebe ...

Auf ihren sachlichen Gehalt zurückgeführt und befreit vom melodramatischen Katzenjammer des enttäuschten Jungregisseurs Neuenfels, werfen die Stuttgarter Vorkommnisse allerdings theaterpraktische Fragen auf, die angesichts einer zunehmenden Ideologisierung der Schaubühne zum Nachdenken anregen. So ist zum Beispiel Edward Albees Zweiakter ‚Alles im Garten' alles andere als ein prüdes Stück, das gesellschaftliche Lebenslügen verbreitet. Im Gegenteil: Albee übt schärfste Sozialkritik, indem er die Bordellatmosphäre modernen gesellschaftlichen Verhaltens ohne Rücksicht auf Zuschauertabus zu szenischer Kenntnis bringt. Eine Dame der Gesellschaft geht auf den Strich, um das Haushaltsgeld aufzubessern; die Verwicklungen, die sich aus dieser Situation ergeben, nutzt Albee weidlich aus, um dem Establishment Amerikas am Zeug zu flikken. Wer Albee kennt, der weiß, daß der Autor, wenn es ihm notwendig erscheint, kein Blatt vor den Mund nimmt; auch scheut er sich keineswegs, das Publikum mit peinlichen Intimhandlungen auf offener Bühne zu konfrontieren. Daß er die Handlung in ‚Alles im Garten' verhältnismäßig dezent aufrollte, hatte dramaturgische und stilistische Gründe. Gerade die ironische Zurückhaltung betont die latente Bordellatmosphäre und entlarvt den Widersinn gesellschaftlicher Ritualien.

Neuenfels aber, auf theatralische Aggression versessen, glaubte in dieser dramaturgischen Zurückhaltung eine „teilweise zu unentschiedene Haltung" des Autors „zu Situation, Personenzeichnung und Sprache" erkennen zu müssen. So versuchte er seinerseits, kräftigere und deutlichere Töne anzuschlagen, um „einen Aggressionsaustausch von Bühne und Zuschauerraum" herauszufordern. Um Albees gesellschaftskritischen Schlagabtausch zu intensivieren, gab Neuenfels zum Beispiel den Blick frei auf ein wasserbespültes Klosett, in das Männlein und Weiblein die Abfallprodukte ihres Stoffwechsels mit entsprechend naturalistischer Geräuschentfaltung rieseln oder plumpsen ließen. Das ist zweifellos ein Regieeinfall, der die moralische Anstalt um Dimensionen erweitert, von denen sich weder Schiller noch die Toilettenfrau aus dem Maxim je hätten etwas träumen lassen. Und wir wollen uns angesichts derartiger Fortschritte der Schauspielkunst auch gar nicht erst mit kulturrevolutionären Geschmacksfragen auseinandersetzen (über die sich bekanntlich streiten läßt), sondern schlicht die praktische Frage stellen: Was nützt dieses Klosett dem Stück? Und auf diese Frage gibt es nur die ebenso sachliche Antwort: Nicht das geringste. Im Gegenteil. Die Vergröberung des szenischen Vorgangs bevormundet nicht nur die Absichten des Autors, sondern sie terrorisiert auch die Phantasie des Zuschauers, indem sie ihr die vordergründigste und gemeinste Interpretation des Stoffes agitatorisch aufzwingt. Gegen diese Nivellierung sich zu wehren, hat der Autor zweifellos ein Recht, und zwar nicht nur ein juristisches, sondern vornehmlich auch ein künstlerisches. Würde nämlich die falsch verstandene künstlerische Freiheit interpretatorischer Willkür Tür und Tor öffnen, so wäre der Bühnenschriftsteller in kürzester Frist völlig entmachtet oder zumindest zu einem Stichwortgeber für unkontrollierbaren Theaterzirkus herabgewürdigt. Denn schließlich soll und muß sich der Theaterregisseur (wie jeder Interpret) am Beginn seiner schöpferischen Auseinandersetzung mit einem vorgegebenen Stoff die Frage stellen, welchen Absichten den Autor gefolgt sei. Die Antwort auf diese Frage läßt ohnehin schon Spielraum genug für künstlerische Mißverständnisse, Fehlleistungen und Eigenmächtigkeiten, die nicht mit dem Urheberrecht in der Hand geahndet werden können. Wird dieser Spielraum durch die ideologische Willkür des Regisseurs jedoch noch zusätzlich ausgenutzt, so steigert sich die Interpretation zur brutalen Vergewaltigung.

Und genau dieser Tatbestand liegt hier vor. Denn künstlerische Fragen standen bei der Klosettszene in der Albee-Inszenierung von Neuenfels wohl erst in zweiter Linie zur Debatte; vornehmlich trachtete der Regisseur nach einem Anlaß, dem Publikum seine eigene Schocktherapie auf Kosten eines namhaften Autors zu verpassen, in der naiven Hoffnung, dieser werde schon eine gute Miene zum unguten Spiel aufsetzen. Daß Herrn Neuenfels diese enttäuschte Hoffnung nun leibliche und seelische Beschwer verursacht, sollte ihn vielleicht ein wenig zum Nachdenken über seinen Beruf veranlassen ...

Allerdings ist das Stuttgarter Theatermißgeschick kein Einzelfall, sondern es veranschaulicht im Gegenteil nur ein Symptom gegenwärtiger Theaterpraxis: Vergewaltigungen dieser und ähnlicher Art ereignen sich nämlich allenthalben auf unseren Bühnen; nur kann sich die Mehrzahl der Autoren, obwohl höheren dichterischen Ranges als Mister Albee, nicht mehr wehren, weil sie längst unter der Erde modert und auch kein finanziell interessierter Sachwalter und kein Urheberrecht für ihre postumen Interessen eintritt – wir meinen die Klassiker, die mehr und mehr dem ideologischen Regietheater zum Opfer fallen. In der ebenso flachen wie irrigen Meinung, die Klassiker seien gesellschaftlich überholt oder repräsentierten gar den Höhepunkt bürgerlicher Repression, kühlen, nachdem Fritz Kortner hier einen ebenso faszinierenden wie bedenklichen Weg in die künstlerische Sackgasse abgesteckt hat, zahlreiche Jung-Regisseure ihr szenisches Mütchen an den Uropas der Schaubühne. Der sogenannte Bremer Stil zum Beispiel bekundet sich vornehmlich in verpopten Klassikeraufführungen, die Shakespeares und Schillers Dramen zu Comic strips umfunktionieren. Nun hat Peter Stein im Theater der Hansestadt Bremen, seinem Kollegen Peter Zadek nacheifernd, auch Goethe ideologisch auf Vordermann gebracht, indem er den ‚Tasso' einer „kritischen Inszenierung" unterzog.

Was unter einer kritischen Inszenierung verstanden werden soll, gaben die Beteiligten in einer Pause der ‚Tasso'-Aufführung dem Publikum bekannt. Goethes „Kunstwelt in ihrer abgeschlossenen Künstlichkeit und Isolation" anschaubar zu machen war demnach die eine Komponente dieser Aufführung – ihr wurde durch ein Goldgrund-Intérieur und durch eine manieristische Gestik und Sprechweise Genüge getan. Im Gegensatz zu dieser Kunstwelt begriff das ‚Tasso'-Kollektiv die Figur des Tasso nach den Worten des Hauptdarstellers Bruno Ganz als Opfer der repressiven Gesellschaftsideologie. „Wir sind der Meinung", sagte Ganz, „daß der Konflikt, der in dem Tasso-Stück dargestellt wird, nicht ausschließlich ein Künstler- oder Geniekonflikt ist, sondern die Problematik jedes Menschen beinhaltet, der unter Herrschaft produziert." Nun, bei einiger Werkkenntnis darf man guten Gewissens behaupten, daß eine derart falsche und ideologisch vordergründige Auslegung des ‚Tasso' Goethes Absicht diametral entgegengesetzt ist. Allein Goethes Ausspruch, wonach der Künstler sich stets in „Disproportion zum Leben" befinde, läßt erkennen, daß ihm Tassos Schicksal Tieferes vergegenwärtigte als die „Problematik eines Menschen, der unter Herrschaft produziert".

Da jedoch das Bremer Kollektiv den Gehalt der Dichtung, das Recht auf Provokation für sich in Anspruch nehmend, mit dialektischer Raffinesse seinen eigenen ideologischen Zwecken unterordnet und dem Publikum dadurch die tiefere Einsicht Goethes in das Verhältnis zwischen Künstler und Gesellschaft verwehrt – da es so verfährt, macht es sich einer Fälschung und Klitterung schuldig, die alles übertrifft, was uns das Dritte Reich in dieser Richtung je bescherte. Wenn Peter Stein annimmt, ein Versuch Tassos, Prinzessin Leonore auf offener Bühne zu vergewaltigen, sei geeignet, in sogenannter kritischer Distanz zur „Kunstwelt" Goethes aktuelle gesellschaftliche Verdrängungen zu veranschaulichen oder gar abzubauen, dann muß man sich ernsthaft fragen, ob hier die Häuser, in denen sich solches abzuspielen pflegt, möglicherweise verwechselt wurden. Schließlich stellt man gotische Madonnen ja auch nicht in öffentlichen Bedürfnisanstalten aus, um auf ihre Kritisierbarkeit aufmerksam zu machen ...

Gewiß: Kunstwerke sind keine starren Denkmalgrößen, die unreflektierte Bewunderung erheischen. Sie müssen sich, wollen sie lebendiger Wirkung nicht entraten, späteren Generationen stets erneut zur Auseinandersetzung stellen. Aber es ist immerhin ein Unterschied, ob diese Auseinandersetzung auf gleichrangigem Niveau oder in Form gemeiner Notzucht erfolgt. Politisch-tendenziöse Verfälschung eines Kunstwerkes aber ist Notzucht, weil sie die freie Meinungsäußerung des Autors manipuliert oder gar verhindert (ob der Autor längst tot ist oder noch unter den Lebenden weilt, spielt in diesem Zusammenhang keine Rolle). Steht es den kultur- und sozialrevolutionären Provokateuren doch frei, sich ihre Stücke selbst zusammenzuzimmern oder sie zusammen mit einem gleichgesinnten Autorenteam zu erarbeiten. Niemand wird sie daran hindern, dann von ihrer so mimosenhaft verteidigten Gedankenfreiheit praktischen Gebrauch zu machen und ihre szenischen Visionen in dem geistigen Parterre vorzuführen, das ihnen gemäß erscheint. Mögen sie das Publikum in eigenem Namen und in eigener intellektueller Verantwortung mit Fäkalien bepflastern und die Gesellschaft durch Pornographie der notwendigen Veränderung näherzubringen versuchen – wir müssen solches Tun hinnehmen als legitimen Anspruch des Gegenwartstheaters, das nicht nur nach Erhebung und Erbauung, sondern auch nach Provokation und Diskussion verlangt.

Um so nachdrücklicher aber scheint angesichts solcher Toleranz Achtung vor den Werken anderer Autoren geboten; denn wie soll Diskussion entstehen, wenn alle Texte über den gleichen ideologischen Theaterleisten manipuliert werden? Nur die Werktreue garantiert die geistige Auseinandersetzung, weil sie dem Autor ohne selbstherrliches Dreinreden das entscheidende Wort läßt. In diesem Sinn ist Werktreue kein leerer oder gar repressiver Wahn, sondern ein Gebot, durch dessen Nichtachtung künstlerische Interpretation sich selbst stranguliert. Sicher würde auch Herr Neuenfels oder Herr Stein sich lautstark zu Wort melden, wenn jemand daran ginge, ihre Inszenierungen eigenmächtig umzufunktionieren und ihnen dadurch Absichten zu unterschieben, die ihrer ideologischen Tendenz widersprächen. Oder sollte gar zutreffen, daß künstlerische Freiheit nur dem zusteht, der sich modisch-progressiv gebärdet? Dann allerdings wären wir bald an dem Punkt angelangt, an dem die Freiheit, die solche Fortschrittler meinen, ihre repressiven, terroristischen Züge zynisch enthüllt nach dem Motto: Willst du nicht meiner Meinung sein, so schlag ich dir den Schädel ein.

9

„Steinzeitkapitalismus“ und Literatur

Das Buch als politische Ware

Durch unfreundliche Vorwürfe erschreckt und teilweise bereits frustriert, zittert mancher Verleger allein schon bei dem Gedanken, der Öffentlichkeit Rechenschaft über sein Tun und Lassen ablegen zu müssen. Ist doch kein kulturideologisches Mäntelchen mehr unversehrt genug, um einen hinreichenden Schutz gegen gesellschaftskritische Blößen abgeben zu können. Dementsprechend zynisch berennen die buchhändlerischen Außerparlamentarier das Establishment eines Berufsstandes, dem sie nur noch Ausbeutung an Stelle gesellschaftlicher Verantwortung zutrauen.

Buchmesse, Friedenspreis und Börsenverein als Denkmäler „steinzeitkapitalistischer Verhaltensweisen“ ziehen, da repräsentativ sichtbar, in dieser Kampagne gegen verharschte Autoritäten das Interesse der Opponenten besonders nachdrücklich an: Hier versprechen die kritischen Attacken den angestrebten publizistischen und auch (wegen der Unbeholfenheit eines demokratisch geführten und auf demokratische Entscheidungen angewiesenen Verbandes) den größtmöglichen politischen Effekt. In dieser vertrackten Situation eine kommunikative Vertrauensbasis wiederherzustellen oder doch zumindest anzubahnen ist überaus schwierig.

Dennoch muß der Versuch unternommen werden, da weder trotziges Beharren auf ererbten Positionen noch revolutionäres Umsturzgeschrei geeignet erscheinen, fruchtbare Entwicklungen einzuleiten. In der zunehmenden Verwirrung der Begriffe, Anschauungen und Polemiken tut Aufklärung not – Aufklärung nämlich über den Standort der Literatur in der Gesellschaft und über die Funktion des Buches als Vermittler von Literatur (im weitesten Sinne des Wortes).

Literatur, sagen die „Literaturproduzenten" in Retrospektive auf den Materialismus des 19. Jahrhunderts – Literatur basiert auf „literarischen Produktionsverhältnissen". Und erklärend fügen sie hinzu (damit auch der verstockteste Reaktionär merkt, woher der kritische Wind weht): „Produktionsverhältnisse sind die wirtschaftlichen, die materiellen, die Eigentumsverhältnisse, die die Klassenlage bestimmen."

Die Erforschung dieser Produktionsverhältnisse sei notwendig, um die bürgerlich-kapitalistische Okkupation der Literatur zu entlarven und damit zu beenden. Denn: „Diese Forschung muß vom Standort derer aus betrieben werden, für die und von denen heute Literatur gemacht wird." Steht doch, nach Ansicht der Literaturproduzenten, außer Frage, daß die kapitalistische Praxis der Buchherstellung und des Buchvertriebs auch die Verfügungsgewalt über das Produkt Literatur einschließt und damit auch über dessen Verwendung (oder noch entschiedener gesagt: Manipulation) entscheidet. Und das heißt: Hier maßt sich Kapitalmacht Herrschaftsanspruch über Produkte an, die „ohne die Leistung der Produzenten nicht verfügbar wären".

Indem die Kapitalmacht die Verbreitung von Literatur zur Sicherung der eigenen Interessen kontrolliert, macht sie die Literatur zugleich unbrauchbar für die „gesamtgesellschaftliche Praxis". Nur die kollektive Produktion von Literatur – als Folge einer progressiven „Aktionsöffentlichkeit" – kann diesem Dilemma abhelfen zugunsten einer „höheren als der bestehenden Gesellschaft".

Die dialektische Verve der (hier verkürzt wiedergegebenen) materialististischen Beweisführung mag Lesern schlüssig erscheinen, die Literatur nur unter dem Signum ihres Warencharakters begreifen und ihr überdies nur ganz bestimmte gesellschaftliche Tendenzen zuzusprechen geneigt sind. Würden sich Wert und Wirkung literarischer Kommunikation jedoch in diesem vergleichsweise engen Aktionsradius erschöpfen, dann allerdings müßte man, anstatt sich auf nutz- und sinnlose Diskussionen einzulassen, schleunigst den innerhalb von dreitausend Jahren angesammelten Bildungsfundus liquidieren, um Raum für die Herstellung fortschrittlicher Aktionsöffentlichkeit zu gewinnen.

Aber so einschichtig stellt sich das angeschnittene Problem nicht dar, und so einschichtig läßt es sich auch nicht lösen. Ohne vor dem „abendländischen Geisteserbe“ bildungsphiliströs die Augen zu verdrehen (und ohne die nivellierenden Tendenzen gegenwärtiger Literatur-„Verwertung“ leugnen zu wollen), muß um der geistesgeschichtlichen Wahrheit willen gesagt werden, daß die großen schöpferischen Leistungen nur selten mit der gerade vorherrschenden gesellschaftlichen Realität übereinstimmten oder gar im Hinblick auf sie hervorgebracht wurden, sondern sich kühn über diese Realität erhoben zugunsten tieferer Einblicke in menschheitliche oder auch kosmische Zusammenhänge.

Daraus resultiert ihr „Ewigkeitswert“ oder, weniger feierlich ausgesprochen, ihre von politisch-gesellschaftlichen Verhältnissen, Zwängen und Aktualitäten weitgehend unabhängige Faszination. Durch ihre Überzeitlichkeit entziehen sich derartige Leistungen auch der materiellen Definition; ihr Wert ist ausgesprochen immateriell und im Sinne ökonomischer Kalkulation und Verwertbarkeit unbegreifbar. Vielmehr eröffnen sie jenseits wirtschaftlicher Verklemmungen den eigentlichen Freiheitsraum des Menschen: ideelle Produktivkraft wird wirksam im Sinne des Novalis-Aphorismus, demzufolge Kunst „progressive Anthropologie“ sei.

Gewiß: gegen solche Bewertung schöpferischen Menschengeistes kann eingewendet werden, sie veranschauliche nur die repressive Verschleierungstaktik einer spätbürgerlichen Scheinliberalität, die durch Berufung auf sogenannte „höhere Werte“ die herrschende Ausbeuterposition zu erhalten hoffe. Ob zeitlich oder überzeitlich – Tatsache sei zweifellos, daß die Finanzierer geistiger Leistungen an deren Mehrheit unangemessen profitieren und sie damit zum system-immanenten Wirtschaftsfaktor erniedrigten. Polemisch wurde denn auch aus dem Kreis der Literaturproduzenten geäußert, seit „einhundertfünfzig Jahren nähmen die Autoren von den Verlegern (den kapitalistischen Unternehmern also) Bestechungsgelder entgegen“.

Träfe eine derartig massive Behauptung zu, so müßte logischerweise daraus gefolgert werden, daß seit 1820 etwa die Literatur unter dem kapitalistischen Primat hoffnungslos korrumpiert sei und nur noch mit Vorbehalt zur Kenntnis genommen werden dürfe. Daß dem nicht so ist, liegt auf der Hand. Ob Marx, Hegel oder Schopenhauer, ob Feuerbach, Nietzsche oder Darwin, ob Klages, Haeckel oder Spengler (um nur ein paar hervorstechende und heterogene Beispiele aus dem Bereich der Philosophie zu nennen) – sie alle kamen ohne Korruption zu Wort in einer Zeit, in der kapitalistisches Denken weit unangefochtener triumphieren konnte als beispielsweise in den gegenwärtigen Jahrzehnten. Auch konnte kapitalistische Verlegerhaltung die Heraufkunft der großen literarischen Bewegungen wie Naturalismus, Expressionismus oder Surrealismus weder verhindern noch manipulieren – und selbst die revolutionären Polemiken unserer Tage finden trotz kapitalistischer Wirtschaftsstrategie (oder gerade deswegen?) eine bedeutende Verbreitung.

Mit repressiver Toleranz allein kann dies Faktum kaum erklärt und klassenkämpferisch abgewertet werden, mögen auch die derzeitigen Sturmzeichen eines hochgeputschten Produktions- und Konsumdenkens Anlaß genug liefern für gesellschaftspolitische Kritik und menschenfreundliche Ermahnungen.

Der als Mehrwert-Hai angeprangerte Verleger (und hier sei eine ähnlich ideale Projektion gestattet wie die, die von den Literaturproduzenten für den Entwurf ihrer Gesellschaftsmodelle in Anspruch genommen wird) befindet sich nämlich, sofern er sich als Verleger und nicht als Fabrikant versteht, in einer ziemlich fatalen Lage. Ist er doch weitaus mehr als zum Beispiel der Autor in Gefahr, manipuliert zu werden – und zwar ausgerechnet von der Gesellschaft, für die er Bücher produziert und der er damit Meinungen vermittelt. Gehört doch sehr oft mehr Charakter und weniger kapitalistisches Kalkül dazu, sich nivellierenden Trends in der Gesellschaft zu widersetzen durch ein Programm, das möglicherweise eher durch seinen Minderwert als durch seinen Mehrwert zu Buche schlägt.

Viele Verleger sind gerade dadurch groß geworden, daß sie dem geistigen Kalkül den Vorrang gaben vor dem wirtschaftlichen und sich zu Autoren bekannten, deren Werk ohne diesen riskanten Einsatz vielleicht weniger intensiv zur Wirkung gekommen wäre. Überdies bürgt die Vielfalt der Verlage und der verlegerischen Persönlichkeiten auch für die Vielfalt des Angebotes an Information und verhindert (nicht zuletzt auch durch das Konkurrenzieren) einseitige Repressionen – oder Repressivität überhaupt. Unterdrückt wird literarische Vielfalt nicht etwa durch kapitalistischen Wettbewerb und durch die leichtfertig unterstellte ausbeuterische Verwertung, sondern durch tendenziösen Dirigismus. Ein Blick auf die sozialstaatlichen Buchproduktionen kann dafür eindrucksvolle Beispiele liefern.

Was den Mehrwert literarischer Produktion angeht, der durch die Mittler- (und Finanzierungs-)tätigkeit des Verlegers erreicht wird, so wäre es töricht, idealistisch die Tatsache zu verschleiern, daß Verleger Geld verdienen wollen oder doch zumindest: Geld zu verdienen hoffen. Diese Hoffnung verbindet sie mit den Autoren und mit den Buchhändlern – und daran ist nichts Ehrenrühriges.

Daß die Autoren, im Bewußtsein ihrer Produktivkraft, noch stärker an dem Mehrwert zu partizipieren wünschen, ist ebenfalls verständlich – und ebenfalls nicht ehrenrührig. Nur sollen und müssen sie dabei bedenken, daß nicht jedes Werk einen Mehrwert erbringt; meist schaffen nur wenige „gängige" Titel (es sind oft nicht die geistig-erstrangigen) eines Verlages und deren erzielter „Mehrwert" die Voraussetzung für die Herausgabe der „schwierigeren", aber (im Sinne der Literaturproduzenten) gesellschaftlich relevanten Texte.

Ein undifferenziertes Beharren auf der Mehrwert-Teilhabe könnte durchaus dazu führen, daß die erfolgreichen Autoren noch höhere Anteile am Gewinn, der aus ihren Produktionen erlöst wird, für sich beanspruchen, die weniger erfolgreichen Autoren jedoch, gemäß ihrem Beitrag zur Gesamtproduktion, vergleichsweise leer ausgingen – oder gar nicht erst verlegt würden. Ob Kollektivierung hier einen dauerhaften und gerechten Interessenausgleich schaffen kann, erscheint fraglich.

Schließlich darf auch nicht verschwiegen werden, daß die Misere literarischer Wirkungsminderung (als Folge ökonomisch orientierter Schreibproduktivität) nicht zuletzt aus der ungeheueren Bevölkerungsexplosion resultiert, die im Verein mit dem technisch-wissenschaftlichen Fortschritt Vermassungstendenzen (mit entsprechenden Verhaltensweisen) Vorschub leistet – Vermassungstendenzen, die den individuellen Freiheitsraum und damit die Fähigkeit zu einem schöpferischen Dialog zwischen den einzelnen Gliedern der Gesellschaft einschränken.

Die Weitergabe von „Information“ genügt in diesem Dilemma keineswegs, um den immer heftigeren Massenzwängen ausgesetzten Menschen aus seiner „selbstverschuldeten Unmündigkeit“ zu erlösen. Im Gegenteil: diese Unmündigkeit wird nur gesteigert durch eine Scheinaufklärung, die sich an überholten und für unsere gegenwärtige Gesellschaft wenig zutreffenden „Klassenlagen“ orientiert – und die nur gelten lassen will, was auf diese „Klassenlagen“ Bezug nimmt. Die Bereitstellung von sadistisch geprägter Pornographie als Zeichen antibürgerlichen Protests erweckt im Umkreis solcher Überlegungen ebensowenig Hoffnung auf eine „höhere Gesellschaft“ wie die Propagierung einer Subkultur mit Haschisch-Charakter.

Wer sich in dem Teufelskreis von materiellen Forderungen, Gewinnaufrechnungen, Produktionsverhältnissen und buchhändlerischem Klassenkampf bewegt, muß notwendigerweise die im Buch transportierten Gehalte aus den Augen verlieren oder sie derart materialisieren, daß ihr „Ewigkeitswert“ nicht mehr zur Debatte steht. Diese Inhalte aber allein bestimmen jenseits ökonomischer Auseinandersetzung den Rang einer Literatur – sie fordern die Gesellschaft und mit der Gesellschaft auch den Verleger heraus. Je mehr wir uns in die Diskussion rein materieller Voraussetzungen von Literatur verlieren, um so nachdrücklicher verhindern wir freie schöpferische Leistungen. Nur sie jedoch sind für die menschliche Gesellschaft auf die Dauer relevant – heute, im Zeitalter der allseitigen Verzwekkungen und Zwänge mehr denn je zuvor ...

10

Im Zeichen der Freiheit

Aus dem Wörterbuch des modernen Unmenschen

Das „Wörterbuch des Unmenschen" bedarf einer Ergänzung, die auch das einschlägige Vokabular unserer Tage in die Nomenklatur einbezieht. Denn die gesellschaftspolitische Auseinandersetzung läßt derzeit immer deutlicher ein Begriffsritual erkennen, das der Unmenschlichkeit nicht minder gefährlichen Vorschub leistet als die Sprache des Dritten Reiches. Die Taktik, deren sich die Verfechter dieses Rituals befleißigen, ist ebenso einfach wie wirkungsvoll. Schon Till Eulenspiegel hat bewiesen, daß man einen Mitmenschen zur Verzweiflung treiben kann, wenn man ihn auf die absurdeste Art und Weise scheinlogisch beim Wort nimmt. Ähnlich verfahren auch die Taktiker des gesellschaftlichen Fortschritts, indem sie verpflichtende Grundwerte der Humanitas überpointieren und sie als Repressalie gegenüber denen verwenden, die sie durch permanente Erregung von Gewissensnöten zu übertölpeln versuchen. Da sie selbst Machtfragen größeren Wert beimessen als dem Gewissen, sind sie stets in einer starken Position: Weit davon entfernt, sich an die eigene Brust zu schlagen, attackieren sie um so zynischer ihre tatsächlichen und vermeintlichen Gegner mit moralischen Fragen und Vorwürfen.

Eine Gesellschaft, deren geistig-sittliches Wirkgefüge unerschüttert ist, würde sich derartiger Angriffe zweifellos überlegen erwehren; eine Sozietät aber, die von inneren und äußeren Krisen heimgesucht wird, verfällt angesichts solcher Zynismen vollends in Agonie. Denn die ausdauernde Verkehrung der Begriffe muß schließlich eine allgemeine Rat- und Richtungslosigkeit erzeugen, die nur durch eine endgültige Liquidation aller bisherigen Werte abgelöst werden kann. Ob diese Liquidation, zu der sich die Fortschrittler dann und wann auch de facto, ihre eigene heuchlerische Taktik entlarvend, bekennen, eine menschlichere Zukunft eröffnet – das mag dahingestellt bleiben. Das Niveau, auf dem die Zukunftsvisionen entworfen werden, erweckt jedenfalls kaum allzu hochgespannte Erwartungen und Hoffnungen für die Spezies Mensch von morgen und übermorgen ...

Insofern erscheint es vielleicht nicht allzu abwegig, dafür zu plädieren, dem alten Adam noch eine Chance fernab von über- oder untermenschlichen Illusionen einzuräumen und ihn im Rahmen des Menschenmöglichen und des Menschengemäßen einsichtsvoll zu jenen Werten zurückzuführen, die ihm das Leben auf diesem Planeten einigermaßen erträglich erscheinen lassen. Rabulistik kann diese menschenfreundliche Absicht ebensowenig befördern wie eine Schocktherapie, die den Zeitgenossen unentwegt ins Bewußtsein zu hämmern wünscht, zu welchen Selbsterniedrigungen sie fähig seien.

Deshalb muß energisch allen Versuchen widersprochen werden, durch Jonglieren mit Begriffen den ohnehin schon weit fortgeschrittenen Wirklichkeitsverlust (und damit das geminderte Seinsvertrauen) des Menschen in der modernen Gesellschaft zu forcieren um sozialutopisch-materialistischer Ziele willen, hinter denen bereits die Katastrophe lauert.

Ein Musterbeispiel für die utopisch-unmenschliche Begriffsverwirrung liefert das Wort „*Freiheit*" – und zwar nicht erst seit heute. Das Unrecht, das im Zeichen der Freiheit seit Menschengedenken begangen wurde, ist schier unübersehbar. Und dennoch klammert sich die Menschheit und klammert sich das Individuum an diesen ideellen Wert: er inkarniert eine der höchsten und unabdingbaren Voraussetzungen menschlichen Daseins. Denn der Mensch braucht, um sein Leben überhaupt gestalten zu können, einen angemessenen Aktionsraum. Doch der gesellschaftliche Zusammenschluß der Individuen schränkt diesen Aktionsraum des Einzelnen ein durch Pflichten und Rücksichten, die sich aus den Interessen der Gemeinschaft ergeben.

Dieser Konflikt, im tierischen Bereich durch eine labile, das heißt: durch eine jederzeit an tatsächliche „Machtverhältnisse" angepaßte Rangordnung artspezifisch gemeistert – dieser Konflikt belastet die menschliche Gesellschaft seit Urzeiten. Denn obwohl auf die Gemeinschaft angewiesen und ohne sie nicht lebensfähig, entwickeln die menschlichen Individuen dennoch einen stark ausgeprägten Sinn für eigenständigen Freiheitsraum, der proportional zur Höhe des gesellschaftlichen und kulturellen Standards wächst. Verselbständigt sich dieser individuelle Freiheitsdrang, so wirkt er der Gesellschaft entgegen und droht sie aufzusprengen. Anderseits aber kann die Gesellschaft ihrerseits auf die Individuen einen derart massiven Druck ausüben, daß die vermeintliche Freiheit der Gesellschaft nur durch die totale Unfreiheit ihrer Individuen erkauft wird. Und das heißt: eine Sozietät ist so frei und souverän wie jedes ihrer individuellen Glieder – und umgekehrt: jedes Individuum ist so frei wie die Gesellschaft, in der es lebt. Das ist keine neue Erkenntnis; aber offenbar gerät sie nur allzu leicht in Vergessenheit.

Eine absolute Freiheit kann es daher im menschlichen Bereich ebensowenig geben wie im tierischen: immer wird die Freiheit abhängig sein von vorgegebenen „Machtverhältnissen" – von Machtverhältnissen, die durchaus nicht immer von den Individuen oder von der Sozietät hergestellt werden, sondern auch von äußeren Einflüssen wie zum Beispiel von der Umwelt, von den vorgefundenen oder natürlich veränderten Lebensbedingungen entscheidend geprägt sein können.

Nun läßt sich keineswegs leugnen, daß der Mensch im Verlauf seiner Geschichte gerade durch seine enormen schöpferischen Fähigkeiten den Freiheitsraum des Einzelnen, anstatt ihn zu erweitern, immer mehr eingeengt hat. Allein die Bevölkerungsexplosion im Verein mit dem technischen Fortschritt leistete in den letzten 150 Jahren bedrohlichen Vermassungstendenzen Vorschub, die den individuellen Aktionsradius zugunsten der totalen Gesellschaft fast auf ein Minimum reduzierten. Angesichts solcher Entwicklungen muß man sich ernsthaft fragen, ob der oft zitierte armselige Köhler, der in irgendeinem Wald sein karges Dasein fristete, vor zweihundert Jahren innerhalb seines bescheidenen Lebensraumes möglicherweise ein freierer Mensch war als der gutbezahlte Arbeiter der modernen Wohlstandsgesellschaft, der sich eines Autos vor der Haustür, eines Kühlschranks in der Küche und eines Fernsehgerätes in der Wohnstube erfreuen darf. Denn nicht vornehmlich der materielle Besitzstand macht den freien Menschen aus, sondern vielmehr der individuelle Aktionsradius, den ihm die Gesellschaft einzuräumen bereit ist oder einräumen kann.

Gewiß: auch solche Vorstellungen verpflichten sich mehr oder weniger idealen Modellen; die Wirklichkeit präsentiert sich differenzierter, da die Menschen keineswegs alle gleich sind, sondern sich individuell sehr voneinander unterscheiden. Deshalb hat es auch wenig realistischen Sinn, von der mündigen Menschheit schlechthin zu sprechen, denn das natürliche Gefälle innerhalb einer Gesellschaft wird den Einzelnen immer von den Fähigkeiten oder auch Unfähigkeiten seiner Mitmenschen abhängig machen. Gerade aus dieser oft beschriebenen Abhängigkeit erwächst gesellschaftliche Dynamik; sie kann sich allerdings nur dann sinnvoll entfalten, wenn die Gesellschaft ihre Handlungen nicht selbst in Frage stellt.

Und damit kommen wir auf den Ausgangspunkt unserer Betrachtung zurück, nämlich auf die gesellschaftszerstörerische Interpretation und Anwendung des Begriffes „Freiheit", die sich unwürdig neben Stichworte faschistischer Herkunft in das „Wörterbuch des Unmenschen" einreihen läßt. Wurde damals von der alles beherrschenden, jede individuelle Regelung zugunsten der totalen Gesellschaft abtötenden „Volksgemeinschaft" und der daraus resultierenden „Freiheit des Volkes" gesprochen, so wird jetzt umgekehrt die fast schrankenlose Freiheit des Einzelnen proklamiert. Sie allein garantiere unter dem Signum fortschreitender Mündigkeit eine menschenwürdige Gesellschaft, frei von Tabus und Abhängigkeiten, von Ausbeutungen und Unterdrückungen, von Lüge und Armut. Jeder aber, der sich, aus welchen Gründen auch immer, diesem sozialidyllischen Freiheitsbegriff widersetzt (weil er möglicherweise über eine realistischere und damit menschenfreundlichere Vorstellung von Freiheit verfügt), wird moralisch als Reaktionär und Fortschrittsfeind verteufelt – als ein Fortschrittsfeind, der die Freiheit abzuschaffen gedenkt.

Sagte Bundespräsident Heinemann, Grundlagenforschung für den Frieden sei das Gebot der Stunde, so kann man nur hinzufügen: Grundlagenforschung zum Problem der menschlichen Freiheit ist möglicherweise noch dringender erforderlich; denn eine zulängliche Kenntnis von den Grenzen und Möglichkeiten menschlicher Freiheit in der Gesellschaft und für die Gesellschaft erst schafft die Voraussetzung für Einsichten in Wesen und Wert des Friedens unter den Menschen. Die Frage lautet nicht, sagt Nietzsche, „Freiheit wovon?", sondern: „Freiheit wozu?" Und diese Frage läßt sich wohl kaum dadurch beantworten, daß man die Mündigkeit des sozialutopisch freigesetzten Menschen durch Pornographie und anarchistische Verlockungen auf die Probe stellt. Freiheit ist eine viel zu ernste menschliche Angelegenheit, als daß man mit ihr auf derart leichtfertige Weise Schindluder treiben dürfte.

Mag es in diesen verrotteten Zeiten in Alt-Europa um die Freiheit auch westlich und östlich in verschiedener Art und Weise mißlich bestellt sein – das ist noch lange kein Grund, einen zwar relativen, aber unabdingbaren menschlichen Wert unrealistisch ad absurdum zu führen durch scheinlogisch-intellektuelle Taschenspielertricks.

Ein Mann, der sich zeit seines Lebens um das Problem der Freiheit Gedanken machte, nämlich Goethe, hat zum vorstehenden Thema ein bemerkenswert gültiges, weil auf die freiheitsraumschaffende schöpferische Tat abzielendes Wort gesprochen, nämlich: „Nur der verdient sich Freiheit und das Leben, der täglich sie erobern muß." Wer sich dazu bekennt, ist nach wie vor gut beraten in einer Zeit, die zwar das Wort „Freiheit" tagtäglich als billige Phrase zerdrischt, in ihrer Handlung aber nach nichts entschiedener trachtet und ihrer ganzen Gesinnung nach trachten muß als nach totaler gesellschaftlicher Unterwerfung. Nicht Verlagerung von Machtverhältnissen, sondern humane Gesinnungsänderung ist daher das Gebot der anthropologischen Stunde. Es fragt sich nur, ob wir noch Ohren haben, dieses Gebot zu hören, und Mut, ihm zu folgen. Denn wahre Aufklärung und Mündigkeit des Menschengeschlechts ist kein Osterspaziergang, sondern ein Kreuz, das man auf sich nehmen muß.

In diesem Sinn will auch Kant verstanden werden, wenn er die berühmten (fast schon geflügelten) Worte ausspricht:

„Aufklärung ist der Ausgang des Menschen aus seiner selbstverschuldeten Unmündigkeit. Unmündigkeit ist das Unvermögen, sich seines Verstandes ohne Leitung eines anderen zu bedienen. Selbstverschuldet ist diese Unmündigkeit, wenn die

Ursache derselben nicht an Mangel des Verstandes, sondern der Entschließung und des Mutes liegt, sich seiner ohne Leitung eines anderen zu bedienen. Sapere aude! Habe Mut, dich deines eigenen Verstandes zu bedienen! ist also der Wahlspruch der Aufklärung. Faulheit und Feigheit sind die Ursachen, warum ein so großer Teil der Menschen, nachdem sie die Natur längst von fremder Leitung freigesprochen ..., dennoch gern zeitlebens unmündig bleiben; und warum es anderen so leicht wird, sich zu deren Vormündern aufzuwerfen. Es ist so bequem, unmündig zu sein."

11

Kritik – Theorie und Praxis

Das Elend der kritischen Theorie

In den Monaten vor seinem Tod wurde *Theodor W. Adorno,* zusammen mit *Max Horkheimer* Begründer der Frankfurter soziologisch-philosophischen Schule, mit einem Problem konfrontiert, dem er zeit seines Denkens geflissentlich aus dem Weg gegangen war: nämlich mit der praktischen Erprobung philosophischer Theorien.

Diese Begegnung mit der zur Tat profanierten Wirklichkeit seiner kritischen Lehre schockierte ihn derart, daß er in mehreren Interviews und Aufsätzen die elitäre Elfenbeinturm-Existenz des Philosophen zu definieren und zu verteidigen versuchte, um sich damit von der Verantwortung für den soziologischen „Aktionismus" unserer Tage zu distanzieren. Er sei, so sagte er, ein „theoretischer Mensch". Und als Theoretiker habe er zwar ein theoretisches Modell aufgestellt, aber nie sei ihm in den Sinn gekommen, daß „Leute es mit Molotow-Cocktails verwirklichen wollen". „Mein Denken", fügte er damals hinzu, „stand seit jeher in einem sehr indirekten Verhältnis zur Praxis."

Dieser naiv anmutende Ausspruch scheint die landläufige Vorstellung von dem weltfernen, in seine denklogischen Phantasien versponnenen Philosophen deutscher Zunge auf ergreifende

Weise zu bestätigen: von der Realität zutiefst erschreckt, zieht er sich in das Schneckenhaus seiner Gedanken zurück und räsonniert über die geistige Unzulänglichkeit derer, die ihn praktisch beim Wort zu nehmen wünschen.

Aber so einfach, wie dies einige Widersacher des Frankfurter Sozialphilosophen schadenfroh zu tun beabsichtigten, läßt sich der „Fall Adorno" nicht zu den theoretischen Akten legen. Im Gegenteil: dieser Fall wird vermutlich noch über längere Zeit hinweg aktuell zur Debatte stehen. Er ist nämlich, nicht zuletzt auch im Hinblick auf Adornos einflußreiche Bedeutung, symptomatisch für das Dilemma von Theorie und Praxis, das sich aus der philosophisch orientierten Gesellschaftskritik der Gegenwart ergibt.

Bereits Karl Marx hat dieses Dilemma heraufbeschworen, als er seine sozialökonomischen Analysen, anstatt sie pragmatisch auszuwerten, ideologisch zu grundieren und ihnen damit metaphysischen Rang einzuräumen begann. Diese Verquickung von Soziologie und Philosophie (um nicht zu sagen: säkularisierter Theologie) bewirkte genau das Gegenteil von rationaler Aufklärung; vielmehr verbrämte sie sachliche Erkenntnisse, durch Einsicht und Erfahrung (und auch durch wissenschaftliche Deduktion) gewonnen, mit der Aura pseudoreligiöser Offenbarung.

Dieser Aura hat sich die Soziologie als Wissenschaft bis auf den heutigen Tag nie ganz entledigen können. Auch dort, wo sie auf Statistiken sowie auf exakte Untersuchungen schwört und theoretische Pointen und Spekulationen strikt abweist, erweckt sie nur allzuleicht den Eindruck, der Weisheit allerletzten Schluß zu verlautbaren. Dieses anmaßende Selbstverständnis und Selbstbewußtsein der soziologischen Wissenschaft erklärt die magische Anziehungskraft, die sie auf ihre Anhänger ausübt. Und sie erklärt auch, warum diese Anhänger immer wieder aus der Theorie ausbrechen und die Offenbarungen ihrer Disziplin in praxi zu erproben wünschen: scheinen diese Theorien doch den Schlüssel zu liefern für eine radikale Veränderung der Gesellschaft zur utopisch erschauten Vollkommenheit hin.

Sprach Heinrich von Kleist in seinem berühmten Aufsatz über das Marionettentheater davon, daß nur ein unendliches Bewußtsein die Naivität des Ursprungs wiederherstellen könne, so träumen die Soziologen von der totalen soziologischen Aufklärung, die den Menschen in den paradiesischen Zustand vor dem gesellschaftlichen Sündenfall zurückzuversetzen vermag.

Das Zaubermittel, durch das jener Prozeß einer totalen gesellschaftlichen Aufklärung zum Zweck einer in allen Teilen mündigen und freien Sozietät ausgelöst werden kann, heißt nach Meinung der soziologischen Theoretiker: Kritik. „Was wir" – schreibt *Max Horkheimer* über die „gesellschaftliche Funktion der Philosophie" – „was wir ... unter Kritik verstehen, ist jene intellektuelle und schließlich praktische Anstrengung, die herrschenden Ideen, Handlungsweisen und gesellschaftlichen Verhältnisse nicht unreflektiert, rein gewohnheitsmäßig hinzunehmen; die Anstrengung, die einzelnen Seiten des gesellschaftlichen Lebens miteinander und mit den allgemeinen Ideen und Zielen der Epoche in Einklang zu bringen, sie genetisch abzuleiten, Erscheinung und Wesen voneinander zu trennen, die Grundlagen der Dinge zu untersuchen, sie also, kurz gesagt, wirklich zu erkennen."

Horkheimer nennt dementsprechend seine Denkmethode „kritische Theorie" – und diesem Begriff unterwerfen sich seine Mitstreiter und Schüler von *Adorno* über *Herbert Marcuse* bis zu *Jürgen Habermas,* indem sie die Denk- und Verhaltensweisen der gegenwärtigen Gesellschaft ebenso geistreich wie gnadenlos ins skeptische Visier nehmen und sozialkritisch zur Strecke bringen – meist mit Blattschuß.

Nun stellt sich angesichts des kritischen Halali, das hier angestimmt wurde und noch immer angestimmt wird, allerdings die Frage, ob Kritik an bestehenden Zuständen oder, um mit Horkheimer zu reden, die „Enthüllung des Widerspruchs" in der Gesellschaft allein ausreicht, um jenen Weg in die reale Utopie zu ebnen, die Lenin als das Fernziel der sozialen Revolution in die Zukunft projiziert. Die kritische Diagnose des gesellschaftlichen Status quo gewinnt doch nur dann einen praktischen Sinn, wenn sie sich als Auslöser von Veränderungen versteht; denn Kritik, als l'art pour l'art betrieben, verurteilt sich selbst zur geistreichen Sterilität; sie erstickt gleichsam an ihrem theoretischen Anspruch. Insofern lieferte Adorno eine bedingungslose philosophische Kapitulation, als er auf die Frage, was denn angesichts der gegenwärtigen Verhältnisse praktisch (und nicht nur theoretisch) zu tun sei, schlicht antwortete: „Ich weiß es nicht."

Allerdings, so setzte er hinzu, fühle er sich auch nicht verpflichtet zu praktischen Unterweisungen; vielmehr entspringe der Wunsch nach philosophischen Existenz-Markierungen einem bürgerlichen Vorurteil gegen die Kritik: der Bürger verlange vom Kritiker nicht nur Verneinung des Bestehenden, sondern zugleich auch den Entwurf des Zukünftigen. Die Sucht nach dem Positiven, eine typisch deutsche Geisteskrankheit, verhindere stets die kritische Aufklärung und stemple den Kritiker als Defaitisten und Destruktionsakrobaten ab. Deshalb sei auch allen Aktionen mit Skepsis zu begegnen, die aus der theoretischen Kritik in positivistischem Eifer praktische Schlüsse zu ziehen beabsichtigten. Ihren Urhebern schrieb Adorno die theoretisch-zornigen Sätze ins revolutionäre Stammbuch: „Genügen mag der Hinweis darauf, daß sozialpsychologisch die Versessenheit aufs Positive ein Denkbild des unter dünner Hülle wirksamen Destruktionstriebes ist. Die am meisten vom Positiven reden, sind einig mit zerstörender Gewalt. Der kollektive Zwang zu einer Positivität, welche unmittelbare Umsetzung in Praxis erlaubt, hat mittlerweile gerade die erfaßt, die sich in schroffstem Gegensatz zur Gesellschaft meinen. Nicht zuletzt dadurch ordnet ihr Aktionskreis dem herrschenden gesellschaftlichen Trend so sehr sich ein. Dem entgegenzusetzen wäre, in Variation eines berühmten Satzes von Spinoza, daß das Falsche, einmal bestimmt erkannt und präzisiert, bereits Index des Richtigen, Besseren ist."

Nun, diese Sätze sind eine Art theoretischen Vermächtnisses; sie stammen aus der letzten Veröffentlichung, mit der sich Adorno vor seinem Tod noch einmal zum Thema „Theorie, Praxis und Kritik" zu Wort meldete. Dennoch lösen sie das Dilemma, mit dem sich der Philosoph konfrontiert sah und dem die Sozialphilosophie noch heute ausgesetzt ist, nicht auf. Mag hier auch noch so viel Ironie und sarkastische Polemik auf das sogenannte „Positive" gehäuft werden: ohne das konstruktive Gegenbild bleibt Kritik in der Tat unpraktische und auch unverbindliche Theorie, mag sie das Bestehende noch so treffsicher aufs Korn nehmen.

Auch der philosophisch-kritische Kinderglaube, das gesellschaftliche Bewußtsein werde schon das Seine tun, um die Theorie zum Besseren oder gar zum Richtigen ausschlagen zu lassen, hilft hier wenig – im Gegenteil: gerade die pragmatischen Flagellanten finden in solchen kritischen Theorien ein sophistisches Begriffsarsenal vor, aus dem sie sich für ihre pseudorevolutionären Kreuzzüge rhetorisch bewaffnen können. Kritik muß nicht nur wissen, was sie nicht will, sondern sie muß auch wissen, was sie will; das heißt: Wenn sie angreift und umstürzt, muß sie zugleich auch das Gegenbild aufscheinen lassen, von dem sie ihre Maßstäbe bezieht.

Die großen Philosophen der Geistesgeschichte errichteten, indem sie kritisierten, zugleich neue Systeme einer geistigen und sittlichen Weltordnung. Man mag über diese Systeme streiten, ja: man mag sie belächeln oder ihnen mit Skepsis begegnen – als Vorschläge an den Menschen, sich auf diesem Planeten besser einzurichten, verdienen sie auf jeden Fall unsere Bewunderung. Alle diese Vorschläge zeichnen sich vornehmlich dadurch aus, daß sie den Menschen nicht mit einem geistreich zerhackten oder sezierten Weltbild allein lassen, sondern ihm Orientierungspunkte für eine konstruktiv-schöpferische Bewältigung seiner Existenzmisere liefern. Und in diesem Sinn wurde philosophische Kritik auch gesellschaftlich wirksam, und zwar unbeschadet ihrer unmittelbaren Effektivität. Außerdem versteht sich eine Philosophie von Rang nicht nur als Theorie, sondern sie zielt, auch in idealistischer Ausprägung, auf lebenspraktische Verwirklichung ab. Sie erhebt den Anspruch an das Individuum und an die Gesellschaft, durch Einsicht in die tieferen Zusammenhänge der Existenz das Verhalten (oder pathetisch ausgedrückt: das Leben) zu ändern, und sie sagt auch, in welcher Weise.

Hält man dagegen Adornos Bekenntnis, er habe sich „nicht erst neuerdings von der Praxis abgewandt", sein Denken sei vielmehr „seit jeher in einem sehr indirekten Verhältnis zur Praxis" gestanden, so wird der Unterschied zwischen Philosophie und theoretischer Kritik vollends klar. Und klar wird auch das geradezu herkulisch anmutende Bemühen eines so redlichen Denkers wie *Jürgen Habermas,* der – aus der Schule Adornos kommend

– die kritische Theorie in eine praktische Theorie zu überführen hofft, um die Sozialphilosophie vor dem endgültigen Debakel zu bewahren. Aber schon rollt die Woge der Aktionen auch über ihn hinweg: Revolutionäre wollen nicht philosophieren, sondern handeln. Gegen wen und was sie handeln wollen, das wissen sie – dank Adorno, Marcuse und anderen scharfsinnigen Gesellschaftskritikern; aber wofür sie auf die Barrikaden gehen, das ist ihnen höchst unklar. Von ihren Mentoren nur mit Kritik beliefert, basteln sie ihre Ersatzideologien aus den Sozialkulissen und den Requisiten des vorigen Jahrhunderts zurecht. Aber auf dieser Bühne, die überdies noch mit Popanzen aus der Klassenkampfzeit ausstaffiert ist, läßt sich allenfalls das Rührstück „Die Wut um den verlorenen Klassenfeind" mit viel Radau aufführen; ein zeitnahes Stück wird man hier vergeblich suchen.

So weit klaffen heute Theorie und Praxis auseinander. Die Kritik fraß ihre Kinder; was übrig bleibt, ist genau das Gegenteil von dem, was diese Kritik einst bezwecken sollte: statt Aufklärung zeugte sie Unvernunft. Und angesichts dieser Unvernunft verlieren selbst die Sozialutopien ihre Antiquitätenpatina. Die sozialistische Offenbarung desavouiert zum Fetisch gelangweilter Spießbürgersöhne, indes Orwells Visionen jeder theoretischen Kritik hohnlachen; sie erweisen sich als die einzige Utopie, die den zweifelhaften Vorzug genießt, 1984 mit ziemlicher Wahrscheinlichkeit Wirklichkeit zu werden ...

12

Im Schatten der Wohlfahrtseiche ...

Über Kunst und Gesellschaft im Zeichen des Materialismus

Die Literaturgeschichte ist und wird immer auch politische und soziale Geschichte sein und sie greift ebenso über auf die Philosophie und auf die anderen Künste wie auf die Fakten der Naturwissenschaft, der Technik oder der Religion.

Denn im Mittelpunkt jedes geschichtlichen Fragens steht der

Mensch, und jede Antwort, ob von der Literatur, von der Religion, von der Musik oder von welcher Disziplin auch immer gegeben, leistet einen Beitrag zur anthropologischen Standortbestimmung – und das heißt, theologisch gesprochen, sie handelt im Grunde von „den letzten Dingen" des menschlichen Daseins. So nehmen wir auch, indem wir die Weltliteratur vor unserem geistigen Auge Revue passieren lassen, teil an den vielfältigen Versuchen des homo sapiens, sich auf dem Planeten Erde geistig und gesellschaftlich einzurichten und einen Standort im Spannungsfeld zwischen Transzendenz und Materie zu befestigen, von dem aus er die ungeheure Problematik der menschlichen Existenz zu bewältigen oder doch zumindest zu mildern hofft.

Ob der Menschheit auf dem mühevollen Weg geschichtlicher Selbstverwirklichung diese Ortsbestimmung und damit im Zeichen individueller Freiheit die bewußte Einordnung in den göttlichen Weltplan gelungen ist – diese Frage läßt sich angesichts der Ergebnisse, die uns das 20. Jahrhundert als Frucht dieser Bemühungen auftischt, kaum vorbehaltlos mit ja beantworten. Wenn nämlich einer der radikalsten zeitgenössischen Philosophen als Fazit abendländischer Individuation den Satz notiert, das „denkende Erschaffen des Nichts sei der Adelsbrief der menschlichen Freiheit", dann gesteht er durch diese Definition eine Vereinsamung und – um mit seinem deutschen Lehrmeister Heidegger zu sprechen – eine „Geworfenheit" des Menschen ein, die auf jede Hoffnung und damit auch auf Glück verzichtet.

Jean Paul Sartre, aus dessen philosophischem Hauptwerk „Das Sein und das Nichts" jener bemerkenswerte Satz stammt, veranschaulicht in seinen dichterischen Arbeiten mit unbarmherziger Folgerichtigkeit das Verhalten des „zur Freiheit verurteilten Menschen", dem, nach Sartres eigenen Worten, durch die „Angst die gedankliche Erfassung der Freiheit durch die Freiheit selbst" zuteil wird. Ein anderer, nämlich Ernst Bloch, glaubt in dem „Prinzip Hoffnung" eine wichtige Triebkraft gesellschaftlich-kultureller Wirksamkeit und Selbsttäuschung entdeckt zu haben, und der eiskalte Dialektiker Lenin schließlich träumt, fasziniert von der Idee menschlichen Fortschritts, von dem irdischen Paradies der klassenlosen Gesellschaft, das jede staatliche Ordnung der Sinnlosigkeit überantwortet. Von allen Illusionen und Hoffnungen, von Selbsttäuschung und Angst befreit, soll sich in dieser klassenlosen Gesellschaft das Individuum endlich seiner Mündigkeit erfreuen und über sich selbst entscheiden. In Lenins Schrift über ‚Staat und Revolution' lesen wir die bezeichnenden Sätze:

„Erst in der kommunistischen Gesellschaft, wenn der Widerstand der Kapitalisten schon endgültig gebrochen ist, wenn die Kapitalisten verschwunden sind, wenn es keine Klassen (das heißt: keinen Unterschied zwischen den Mitgliedern der Gesellschaft in ihrem Verhältnis zu den Produktionsmitteln) mehr gibt – erst dann hört der Staat auf zu bestehen und kann von Freiheit die Rede sein. Erst dann ist vollkommene Demokratie tatsächlich ohne Ausnahme möglich und wird verwirklicht werden. Und erst dann beginnt die Demokratie abzusterben, infolge des einfachen Umstandes, daß die von der kapitalistischen Sklaverei, von den ungezählten Greueln, Brutalitäten, Widersinnigkeiten, Gemeinheiten der kapitalistischen Ausbeutung befreiten Menschen sich nach und nach gewöhnen werden, die elementaren, von altersher bekannten und gepredigten Regeln des Zusammenlebens einzuhalten, sie ohne Gewalt, ohne Zwang, ohne Unterordnung, ohne den besonderen Zwangsapparat, der sich Staat nennt, einzuhalten."

Nun, dieser optimistische Vorgriff auf die Zukunft des Menschengeschlechts unterscheidet sich nur durch den Verzicht auf Transzendenz von den messianischen Hoffnungen früherer Epochen. Genial stimmt Lenin sein messianisches Konzept auf die materialistische Gesinnung des 20. Jahrhunderts ab, die, vorgeprägt durch den bürgerlichen Kapitalismus, die Erfüllung ihrer Wünsche nicht mehr in einem Wechsel auf die ewige Glückseligkeit, sondern in irdischer Bequemlichkeit erblickt. Aus diesem Grunde übt Lenins Entwurf eines kommunistischen Paradieses, das dem Individuum ohne Unterschied eine nie erlebte Freizügigkeit verspricht, trotz seiner denkerischen Primitivität auf Intellektuelle ebenso einen verführerischen Reiz aus wie auf unterentwickelte Kolonialvölker. Die Herren der westlichen Hemisphäre versuchen nach homöopathischem Muster dem kommunistischen Messianismus mit kapitalistischen Argumenten, nämlich mit Geld und Wohlstandsgarantien zu begegnen. In dieser Konstellation, die durch das weltbedrohende westöstliche Rüstungspotential makaber grundiert wird, offenbart sich die Absurdität eines Jahrhunderts, das angeblich den Gipfel abendländischen Fortschritts erreicht hat und sich anschickt, andere Planeten zu erobern.

Lenins programmatische Sätze wurden im ersten Viertel des 20. Jahrhunderts niedergeschrieben – im dritten Viertel des gleichen Jahrhunderts läßt sich nachprüfen, ob wir auf dem Weg zur kommunistischen Utopie einen entscheidenden Schritt vorangekommen sind. Zwar beherrscht die kommunistische Idee fast die Hälfte unserer Welt, aber sie gebar, anstatt die vermeintliche Fessel staatlicher Ordnung zu sprengen und die klassenlose Gesellschaft zu etablieren, Diktaturen und politischen Terror. Die Leninisten sind allerdings um ein dialektisches Gegenargument kaum verlegen und antworten auf den Vorwurf messianischer Enttäuschung: Solange der Kapitalismus nicht in allen Ländern der Erde besiegt sei, könne sich der Kommunismus das verheißene Paradies nicht leisten. Hingegen müsse er sich durch straffe Organisation darauf vorbereiten, den Erbfeind im geeigneten Augenblick zu vernichten.

Erst dann ...

Aber diese beiden Wörtchen „erst dann" täuschen kaum über das Dilemma hinweg, daß sich zwischen Kapitalismus und Kommunismus in der zweiten Hälfte des 20. Jahrhunderts keine zureichende Alternative anbietet, weil beide Ideologien (denn in seiner heutigen Erscheinungsform ist auch der Kapitalismus, versehen mit dem Aufkleber „freie Welt", eine Ideologie) – weil beide Ideologien also unter weitgehendem Verzicht auf geistige Leitmotive darin wetteifern, eine materielle Wohlstandsgesellschaft zu etablieren. Die Propagierung der Liberalität und des Fortschritts durch die Sendboten des Westens liefert für den Mangel an geistigen Leitmotiven ebensowenig einen Ersatz wie die Forderung eines sozialistischen Realismus und die magischen Sozialformeln des Fortschritts im Osten.

Wenn wir vor unserem prüfenden Bewußtsein die abendländischen Geistesepochen vorüberziehen lassen, wird uns vielleicht klar; daß der Begriff „Fortschritt" ohnehin skeptische

Vorsicht herausfordert. Gewiß: an Lebenskomfort, an zivilisatorischem Luxus und in der Beherrschung technischer Hilfsmittel haben wir es erstaunlich weit gebracht: Elektronengehirne überlisten die Ganglien des menschlichen Hirns, D-Züge rasen mit 200 Stundenkilometern durch die Landschaft, die Schallmauer ist durchbrochen und die Tiefen des Pazifik blieben unserem Auge nicht verborgen. Telefone verbinden mit Übersee, per Television wird uns der Papst ebenso frei Haus geliefert wie der Mörder des amerikanischen Präsidenten oder irgendein Schreihals der Vergnügungsindustrie. Mozart, Beethoven und Frank Sinatra versorgen uns per Radio und Schallplatte akustisch, vor der Haustür stehn die Limousinen, im Keller summt der Ölofen, in der Küche blubbert die Spülmaschine, am bestirnten Himmel kreisen die Satelliten und in den unterirdischen Magazinen schlummern die Superbomben. Das Atom gab seine Geheimnisse preis und auch der Weltraum zeigt sich unserem Forscherdrang geneigt. Selbst das Problem der künstlichen Befruchtung wurde gelöst – von Mondreisen ganz zu schweigen.

Mit diesen gigantischen Errungenschaften konnten weder die Griechen noch die Römer aufwarten. Neben den Wolkenkratzern Manhattans nimmt sich der Parthenon-Tempel auf der Akropolis harmlos aus wie ein Spielzeug; selbst die Peterskirche unterliegt solcher Konkurrenz. Eine Zentralheizung wäre den Rittern des Mittelalters, die an rauchenden Kaminen in ihren Burgen erbärmlich froren, sicher höchst willkommen gewesen, und Karl V. hätte zweifellos die Möglichkeit begrüßt, sein Herrschaftsgebiet mit dem Düsenklipper bereisen zu können. Unter dem Signum der Fortschrittsgläubigkeit nimmt der Zeitgenosse daher von den Beschwerlichkeiten vergangener Jahrhunderte oft mit der bedauernden Bemerkung Kenntnis, damals sei die Menschheit noch ziemlich rückständig gewesen.

Nun, solche Überheblichkeit des Nachgeborenen erscheint recht oberflächlich angesichts der unbestreitbaren Tatsache, daß ein Volk, das Tempel von makelloser Schönheit errichtete und Meisterwerke des tragischen Theaters schuf, zweifellos über genug Intelligenz verfügte, um auch andere Probleme, zum Beispiel: technische, zu lösen. Tonnenschwere Säulentrommeln aufeinanderzuschichten oder die gewaltigen Felsbrocken für die

Mauern von Mykene herbeizuschleppen – das sind schließlich technische Leistungen, die uns auch heute noch in Erstaunen versetzen. Daß die Griechen ihre tiefen Einsichten in das Wirken der Natur praktisch nicht entschiedener anwendeten und etwa die Gassen von Athen elektrisch beleuchteten oder die Haushalte mit Eisschränken versorgten, erklärt sich keineswegs durch die Dummheit oder Rückständigkeit der Menschen des 5. vorchristlichen Jahrhunderts, sondern vornehmlich durch die Tatsache, daß den Bürgern jener Epoche die geistige Beherrschung ihrer Welt wichtiger erschien als deren technische Ausbeutung. Die technische Revolution setzte erst ein, als das Abendland offensichtlich seinen geistigen Aktionsraum ausgeschritten hatte und sich zunehmend der materialistischen Gesinnung des Bürgertums auszuliefern begann.

In dem Dokumentarwerk ‚Durchbruch zum 20. Jahrhundert' schreibt Jean Cassou: „Die bürgerliche Gesellschaft der Jahrhundertwende konzentrierte ihre ganze Tätigkeit wie Zweck und Mittel dieser Tätigkeit ausschließlich auf die Produktion. Sie ist eine kapitalistische Gesellschaft, die nur danach trachtet, zu produzieren, und die sich zu diesem Zweck der Fortschritte der Wissenschaft bedient. Die Leistungen ihrer Gelehrten, Ingenieure und Techniker werden sofort zur Produktionssteigerung verwendet. Nicht anders verhält es sich mit den Leistungen der Kunstproduzenten, denn auch diese sind Produzenten und ihre Werke Produkte, die wie alle anderen Produkte umgehend der Gesellschaft nutzbar gemacht werden."

Wie reagieren nun die Künstler selbst auf diese Veränderung des geistigen Klimas? Finden sie sich mit der Rolle des Produzenten ab oder versuchen sie, schöpferisch gegen den verflachten Zeitgeist zu opponieren?

Kunst und Gesellschaft haben sich in den letzten hundert Jahren unter dem Primat des Bürgertums gründlich auseinandergelebt. Je energischer die Massen zu den Bildungs- und Informationsquellen drängen, um so differenzierter, intellektueller und auch individueller versucht die Kunst auf diesen Anspruch zu antworten. Inzwischen gewannen die Surrogate mit Hilfe der Massenmedien (der Zeitungen, Illustrierten, später des Rundfunks, des Kinos und des Fernsehens) zunehmenden Einfluß und vernebelten die Hirne und damit auch den guten Geschmack. Der Versuch des Dritten Reiches, unter dem Vorzeichen „Die Kunst dem Volke“ das Dilemma durch Edel-Phrase und nationalen Kitsch, durch markige Standbilder, Marschmusik und Volkstänze zu beseitigen, ersetzte nur das eine Surrogat durch ein anderes.

Angesichts der Verständigungsschwierigkeiten zwischen Kunst und Gesellschaft und im Hinblick auf die Wucherungen des schlechten Geschmacks, verschreckt aber auch durch die Anzeichen gesellschaftlicher Manipulation mittels pseudokünstlerischer Reize, fordert nun eine junge Generation die radikale Abkehr von der traditionellen, in ihrer letzten Phase durch das Bürgertum geprägten Kunst und Literatur. Sie will Kunst nur noch als gesellschaftliches Phänomen begreifen und sie dementsprechend auch nur als gesellschaftliches Engagement gelten lassen.

Ein solcher Radikalismus mag erschrecken, jedoch: unbegründet ist er keineswegs. Wahrscheinlich kann, um mit Nietzsche zu reden, nur die gründliche Negation aller bisherigen Werte (und das heißt auch der künstlerischen Werte) jenes verhängnisvolle Mißverständnis zwischen Kunst und Gesellschaft beseitigen zugunsten eines revolutionären Neubeginns.

Und dieser Beginn wird zweifellos, sofern in einer computerbeherrschten und hochtechnisierten Welt überhaupt noch Kunst, das heißt: eine zweckfreie schöpferische Tätigkeit des Menschen möglich sein sollte – dieser Neubeginn wird notgedrungen zu jenen uralten Quellen künstlerischen Gestaltens zurückführen, die allein Dauer im Wechsel garantieren, nämlich zu den Quellen archaisch geprägter menschlicher Verhaltensweisen.

Könnten uns, unabhängig von den gesellschaftlichen Verhältnissen ihrer Entstehungszeit, Shakespeares Tragödien, des Vogelweiders Gedichte oder die Lyrik der Sappho, könnten uns Mozarts Symphonien, Klavierkonzerte und Opern, ja könnten uns die Statuen des Phidias oder die Madonnen eines unbekannten bayrischen Holzschnitzers heute überhaupt noch (und zwar jenseits ihrer musealen Patina) interessieren, ja erregen, wenn ihnen nicht eine Verbindlichkeit, ein Aussagewert innewohnte, der weit über ihre Zeitlichkeit hinauswirkt und des „Lebens unendliche Kette" dokumentiert?

Die Botschaft von der universalen Gleichzeitigkeit, die das menschliche Bewußtsein herzustellen vermag – diese Botschaft von James Joyce wäre sinnlos und töricht, ja: sie entspränge nur einer intellektuellen Spielerei, wenn das Glück menschlichen Daseins nur im Engagement für den Tag und dessen materielle Bedürfnisse bestünde. „Im Schatten der Wohlfahrtseiche", wie Gottfried Benn einmal gesagt hat, läßt sich schlecht ausruhen – allein im „Gegenglück des Geistes" liegt die eigentliche menschliche Bestimmung.

Aber wie gesagt: wahrscheinlich ist die vorherige Negation, so bitter sie auch anmuten mag, notwendig, um wieder zu einem produktiven, von Verzweiflungskapriolen, Mißverständnissen und Verzerrungen, von Taschenspielertricks und Phrasengedresch freien Dialog zwischen Künstler und Gesellschaft hindurchzufinden.

Das Gemeinsame der weltliterarischen Gegenwart besteht in dieser Negation, in dieser Auflösung und Verhöhnung, in der Umkehrung aller überkommenen Werte und Wertvorstellungen. Pop und Comics markieren den Weg zur Antikunst und damit zur nihilistischen Erschütterung der menschlichen Existenz. Da aber der kunstberaubte Mensch, wie Wladimir Weidlé anmerkte, genauso unmenschlich ist wie eine des Menschen beraubte Kunst, kündigt dieser Nihilismus einer ins Sinnlose pervertierten Antikunst das Zeitalter der Unmenschlichkeit an, durch das hindurchzuschreiten für die Mitlebenden kein Osterspaziergang sein dürfte.

Das ist kein beschaulicher Ausblick auf kulinarische Kunstgenüsse. Aber wenn Kunst, um mit Novalis zu sprechen, als „progressive Anthropologie" und nicht als metaphysische Konsumbefriedigung begriffen werden soll, dann darf man nicht nur ihre Aufschwünge bewundern, sondern dann muß man auch den Mut aufbringen, ihre Abschwünge zu ertragen, in der heraklitischen Gewißheit, daß nur im Wechsel Dauer liegt und daß „Veränderung" das Gesetz heißt, dem alles Lebendige unterliegt.

13

Auf der kulturellen Achterbahn

Das Buch und Massenmedien

Von allen Kommunikationsmitteln ist das Buch am wenigsten auf Masse und am entschiedensten auf das Individuum angewiesen – obwohl die neuerdings in Verlagskreisen grassierende und nicht zuletzt durch das Konkurrenzbeispiel der Massenmedien angeheizte Bestseller-Spekulation massenkonforme Trends auch auf dem Büchermarkt erkennen läßt.

In seiner traditionellen Erscheinungsform jedoch spricht das Buch, und zwar unbeschadet seiner Auflagenhöhe, stets zum einzelnen Leser: es beansprucht dessen ungeteilte und individuelle Aufmerksamkeit; es führt mit ihm einen persönlichen Dialog. Dabei spielt zunächst eine untergeordnete Rolle, ob dieser Dialog intensiv oder langweilig verläuft, ob er fruchtbar ist oder ob er Enttäuschung zeitigt, oder ob er absolut negativ endet: die Grundsituation einer mehr oder minder meditativen Zwiesprache zwischen Autor und Leser ist in jedem Fall Voraussetzung für ein Lese-Erlebnis, und zwar auch dann, wenn nur sachliche Informationen weitergegeben werden.

Seit Jahrhunderten war, bis an die Schwelle der Gegenwart, die Schrift das beherrschende Medium, mit dessen Hilfe Gedanken – poetische, philosophische, wissenschaftliche oder religiöse – festgehalten und der Mitwelt ebenso wie der Nachwelt vermittelt werden konnten. Im abstrakten Kürzel der aus Buchstaben formulierten Worte und Sätze bekundete sich der Weltgeist.

Indem das Auge die Zeilen abtastet, tritt das Individuum ein in den geistesgeschichtlichen Dialog mit der Menschheit: neue Denk-, Wissens- und Vorstellungswelten erschließen sich seinem Bewußtsein, deren Herausforderung es sich stellen muß. Und das heißt: hier ereignet sich, auch wenn es sich nur um ein vergleichsweise primitives Lese-Erlebnis handeln sollte, ein schöpferischer Vorgang, dessen persönlichkeitsbildende Kraft nicht unterschätzt werden darf.

Denn diese geistige Aktivierung, auf derart individuelle Weise ausgelöst, schafft dem Menschen einen persönlichen Freiheitsraum, in dem er unbehelligt von gesellschaftlichen Rücksichten, Einflüssen und Zwängen reagieren kann und darf – und zwar in einer Zeiteinheit des Erlebens, die allein durch sein persönliches Temperament geprägt wird. Insofern erscheint die etwas biedermeierliche Charakterisierung des versunkenen, selbstvergegessenen, von der Lektüre gepackten Lesers längst nicht so verwaschen gemütlich, wie sie auf den ersten Blick anmuten mag.

Im 20. Jahrhundert nun entwickelte der technische Fortschritt Apparaturen, die dem uralten Kommunikationsmittel Buch die Monopolstellung gegenüber der Gesellschaft streitig machen: die Zeitungen und Illustrierten drängten sich vor, der Rundfunk meldete sich akustisch zu Wort, die Schallplatte begann Musik zu konservieren und zu vervielfältigen – und Film und Fernsehen eröffneten endgültig das audiovisuelle Zeitalter, in dem wir uns gegenwärtig und in der Zukunft einzurichten gezwungen sehen.

Computer leisten diesem Bemühen um eine Bewältigung der geistigen Zukunft entschiedene Hilfestellung, indem sie Informationen rationeller und umfassender sammeln, speichern und selektieren, als dies jemals ein Buch leisten könnte – und bald werden nicht nur die akustischen, sondern auch die optischen Konserven jedermann zu jeder Zeit verfügbar werden. Das Lesen, so scheint es, droht dadurch mehr und mehr in den zweiten oder gar dritten kommunikativen Rang verwiesen zu werden. Ja, es gibt Futuristen, die dem Buch angesichts einer so rasanten Entwicklung der Informationstechnik einen Prozeß der radikalen Auszehrung prophezeien und es nur noch als liebenswürdige Antiquität gelten lassen wollen.

Ob diese Entwicklung einen Fortschritt oder einen Rückschritt markiert, darüber zu rechten ist ziemlich zwecklos. Weder das Rad der Geschichte noch das Rad des technischen Fortschritts kann man zurückdrehen; der faustische Erkenntnisdrang ist ein biologisches Erbe der Menschheit, das ihr die Evolution hinterlassen hat und mit dem sie wuchert bis zur hybriden Verstrickung. Unter diesem Erbzwang fordert auch jede Epoche die Erfindungen heraus, deren sie zur Selbstverwirklichung bedarf, und zwar ungeachtet, ob diese Selbstverwirklichung sich anthropologisch sinnvoll auswirkt oder nicht.

Nicht von ungefähr und keineswegs zufällig erfand zum Beispiel in der zweiten Hälfte des 15. Jahrhunderts Johannes Gutenberg die Buchdruckerkunst, und ebenso wenig zufällig konstruierte James Watt Ende des 18. Jahrhunderts die Dampfmaschine – um nur zwei Marksteine jenes geschichtlichen Abschnitts anzuführen, den wir als *Neuzeit* bezeichnen. Diese Erfindungen lagen in dem Zeitraum, in dem sie gemacht wurden, gleichsam in der Luft. Die neuen kommunikativen und produktiven Bedürfnisse der Gesellschaft riefen die zeitgenössischen Genies auf den Plan.

Auch die Apparaturen des 20. Jahrhunderts entstanden nicht als Spielereien besessener Technologen, aus denen sich schließlich „Bedürfnisse" entwickelten, sondern sie antworteten auch dort, wo sie gesellschaftlich nicht relevant wurden (erwähnt sei hier zum Beispiel die Braunsche Röhre, mit der ihr Erfinder zuerst nichts anzufangen wußte), dem Auftrag der Epoche. Was eine Zeitgenossenschaft nicht brauchen kann, stößt sie ohnehin ignorant ab.

Worin aber bestand und besteht der Auftrag, den das 20. Jahrhundert in unserem speziellen Fall seinen Genies erteilt? Nun, er wird genau durch den ebenso scheußlichen wie zutreffenden Begriff „Massenmedien" gekennzeichnet. Die seit Beginn des 19. Jahrhunderts einsetzende Bevölkerungsexplosion sprengte nämlich alle Normen und Ordnungen der bisherigen Individualgesellschaft. Die Sozietät war nicht mehr überschaubar, sie konnte nur noch in Gruppen und Massen im primitivsten Sinn des Wortes „erfaßt" werden. Je stärker der Bevölkerungsstrom anschwoll, um so heftiger meldete sich die Notwendigkeit, der Masse Mensch eine künstliche Um- und Lebenswelt zu schaffen, in der sie existieren konnte; denn die natürliche Umwelt reichte nicht mehr aus, um die Lebensbedürfnisse wenn nicht zu befriedigen, so doch wenigstens zu einem Minimum zu garantieren.

Vor allem aber wurde ein Nachteil offenbar: die Vermassungstendenzen schränkten die Verständigung zwischen den einzelnen Gliedern der Gesellschaft gefährlich ein, die zwischenmenschlichen Beziehungen begannen zu verkümmern. Damit setzte zugleich ein Schrumpfprozeß der seelischen Erlebnisfähigkeit ein. Das Proletariat als bedauernswerteste Klasse der Massengesellschaft betrat die soziale Bühne.

Nun: diese erschreckenden Kinderkrankheiten der Massengesellschaft sind inzwischen weitgehend überwunden. Nach zwei Weltkriegen und verschiedenen sozialen wie technischen Revolutionen haben wir es immerhin so weit gebracht, daß wir uns heute eines massengesellschaftlichen Wohlstandes (mit einigen Schönheitsfehlern) erfreuen dürfen in unserer westlichen Fortschrittswelt. Nur ein Problem haben wir immer noch nicht gelöst: nämlich die Wiederherstellung der Kommunikation zwischen den Menschen.

Und genau hier setzt die Problematik der „Massenmedien" (nicht zuletzt auch speziell in der Konkurrenz zum Buch) ein: im Bestreben nämlich, die Massen aus ihrer gesellschaftlichen Vereinsamung (oder mit einem Modebegriff von heute gesagt: aus ihrer gesellschaftlichen Frustration) zu erlösen, versuchen sie die Massen insgesamt (oder aus ihnen herausstrukturierte Gruppen) anzusprechen, zu unterhalten und zu informieren. Das heißt: die Massenmedien als Produkt der Massengesellschaft sind gezwungen, zunächst einmal diese Massengesellschaft zu akzeptieren mit dem Auftrag, aus ihr das Beste zu machen. Das Beste aber kann in diesem Fall nur ein Kompromiß sein – ein Kompromiß nämlich zwischen Zeitvertreib und Kulturanspruch. Kommt noch, bei den freiwirtschaftlich agierenden Massenmedien, die Spekulation auf das große Geschäft hinzu, so wendet sich dieser Kompromiß ins Makabre. Aus der vermeintlichen Kommunikation wird Manipulation mit allen pathologischen Erscheinungen einer am Materialismus und Kapitalismus leidenden Sozietät, deren Glieder keine Verantwortung mehr füreinander fühlen, sondern nur noch egoistischen Interessen nachhängen und um jeden kommunikativen Preis dem oft raffiniert kaschierten Prinzip der Ausbeutung huldigen.

Natürlich leiden nicht nur die Massenmedien, ob sie nun öffentlich-rechtlich oder kapitalistisch-industriell orientiert sind, an diesen pathologischen Erscheinungen massenmedialer Praxis. Die Verleger sind davon heute nicht minder betroffen, und die Kulturbringerpose, in der sich so mancher literarische Manipulator gefällt, wirkt gelegentlich weitaus peinlicher als die clevere Geschäftstüchtigkeit eines eiskalten Managers der frisch-fröhlich angekurbelten Kulturindustrie. Nur macht es hier einen Unterschied, ob einer das von ihm verwaltete „individuelle" Kommunikationsmittel zugunsten eigensüchtiger Interessen verrät oder ob er bereits professionell die massenmediale Sache vertritt.

Was die Kulturindustrie, die sich der Massenmedien bedient (und zu der inzwischen noch eine nicht minder imposante „Informationsindustrie" getreten ist) – was diese Kulturindustrie und ihre medialen Helfer im weitesten Sinn des Wortes „fragwürdig" macht, das ist die oft gutgläubig vertretene Meinung, daß sie die zwischenmenschliche Kommunikation menschenfreundlich fördere.

Das Gegenteil scheint eher zuzutreffen: eine Scheinkommunikation findet statt, die Aktivitäten vortäuscht, wo allenfalls nur Reflexion sich ereignen kann. Das Buch als Medium erweckt nie den Eindruck, als stelle es bereits die unmittelbare Verbindung von Mensch zu Mensch her. Es bekennt sich – und muß sich schon seiner Eigenart nach bekennen – zu einer abstrakten Mittlerfunktion, die nur durch den schöpferischen Akt des Lesens in Tat und Erlebnis umgesetzt werden kann.

Film, Funk und Fernsehen, aber auch die Schallplatte erwekken die Illusion des unmittelbaren Dabeiseins und Angesprochenwerdens, obwohl die technische Apparatur eine Distanz schafft, die individuelle Aktivität frustriert. Anderseits wird, da zugleich Hunderttausende oder Millionen angesprochen werden, der Eindruck eines Gemeinschaftserlebnisses vermittelt, ja suggeriert, der de facto irreal ist. Der psychologische Tatbestand der Frustration ist vor dem Rundfunkempfänger, vor der Filmleinwand, vor dem Fernsehschirm, aber auch vor dem Plattenspieler weitgehend erfüllt – womit hier weder ein Werturteil noch eine Polemik zum Ausdruck gebracht, sondern nur eine Feststellung getroffen werden soll.

Diese Frustration des modernen Menschen ist ein Merkmal der auf indirekte Kontakte umgepolten Massengesellschaft des

Atomzeitalters – und sie signalisiert eine fortschreitende Entmenschlichung des tradierten Menschenbildes und der bisherigen menschlichen Verhaltensweisen. Eine bequem gewordene Masse läßt sich auf Distanz durch die Apparate ergötzen und informieren, ohne daß menschliche Kontakte stattfinden oder herausgefordert werden. Dadurch droht eine Passivität Platz zu greifen, die jeden schöpferischen Impuls abwürgt oder zumindest ummünzt in einen fast schon mechanisch anmutenden Konsum von „Information".

Für Genialität ist ohnehin nur noch wenig Platz in dieser Massengesellschaft mit ihrem hohen zivilisatorischen und technischen Standard: selbst Mondflüge sind eher ein Produkt rechnerisch-kombinatorischen Kalküls als ein genial-schöpferischer Akt.

Die Entwicklung der audiovisuellen Apparatur, die sich der primären menschlichen Sinneswahrnehmungen bemächtigt, kann in diesem Zusammenhang kaum mehr bieten als ein Surrogat: sie stellt eine Wirklichkeit vor, die nur in Distanz erfaßt und erlebt werden kann und die selbst dann, wenn sie unmittelbar Wirklichkeitsgeschehen reportiert, fast unverbindlichen Charakter annimmt.

Ein typisches Beispiel lieferten die Fernsehberichte von der ersten Mondlandung. Dieses Jahrhundertereignis, vom bequemen Sessel her in Augenschein genommen, unterschied sich kaum von einem utopischen Film auf der Kinoleinwand. Der Zuschauer, einerseits als Augenzeuge in das Geschehen einbezogen und anderseits inaktiv auf Distanz gehalten, retirierte in Konsumverhalten: mit 8.50 Mark war er dabei.

Auf dieses, aus der audiovisuellen Surrogatnot resultierende Konsumverhalten der Massen antworten die Medien durch ein entsprechendes Programmpotpourri, das sich symptomatisch am akustischen Beispiel des Deutschlandfunks ablesen läßt: auf die Ausstrahlung eines einzigen Programms angewiesen, sendet diese Station im Wechsel von einer Stunde leichte und gewichtige Programme: auf Beat folgt Beethoven, auf Schnulzen reimen sich Schubert-Lieder, und die bunten Operettenmelodien werden abgelöst durch eine kirchliche Mahnung.

Im Grunde verfahren alle Massenmedien nach diesem Prinzip

der geistigen Achterbahn, um dem Konsumbedürfnis ihrer Massenkundschaft Genüge zu tun. Daß auf den Gipfelpunkten dieser Achterbahn geistige Information bedeutenden Ranges sich ereignet, darf nicht über die Talsohlen hinwegtäuschen, in die das massenmediale Wägelchen sogleich wieder hinabsaust, um sich vom Schlager der Woche und von pseudo-herzlichen Grüßen an die Oma umsäuseln zu lassen: dem Mord zum Sonntag folgt das Wort zum Sonntag auf dem audiovisuellen Fuße ...

Zum Angebot der Massenmedien zählt neuerdings auch die Vermittlung akademischen Wissens. Fernseh-Universitäten sollen die Bildungs- und Ausbildungsnot in den deutschen Universitäten dadurch mildern, daß audiovisuelle Abhilfe geschaffen wird mit Unterstützung der Massenmedien Rundfunk und Fernsehen. Diese Initiative ist begrüßenswert, weil sie eine entschiedene Abkehr von den geschilderten massenmedialen Praktiken signalisiert und eine gesellschaftspolitische Einsicht erkennen läßt, die sich nicht nur an der Konsumbefriedigung orientiert.

Allerdings soll und muß auch hier gewarnt werden vor einer Überbewertung der massenkommunikativen Möglichkeiten. Der Lernende, als Funktionierer, wenn auch als denkender, angesprochen und auf Apparate fixiert, gerät nur allzuleicht in Gefahr, sich der gleichen Frustration auszusetzen, die den Massenmedienkonsumenten zu Inaktivität verleitet. Eine Enthumanisierung des Lernvorgangs könnte die Folge sein, die einer weiteren Mechanisierung und damit einer kaum mehr vertretbaren Einschränkung der individuellen Freiheit Vorschub leistet. Hier das rechte massenmediale Maß einzuhalten und Grenzüberschreitungen zu vermeiden, erscheint daher als ein dringendes Gebot.

Dem Buch kommt in diesem Teufelskreis fortschrittlicher Verstrickungen und Perspektiven eigenartigerweise eine besondere, in ihrer Tragweite vielleicht noch garnicht genau erkannte Bedeutung zu. Jedenfalls sprechen dafür bereits einige bemerkenswerte Anzeichen.

Immer zahlreicher erscheinen Rundfunk- und Fernsehtexte in Buchform, immer eingehender beschäftigen sich die Medien mit Büchern und mit deren Problemen – und in Zukunft wird sich diese Zusammenarbeit im Hinblick auf die akademischen Vorhaben von Rundfunk und Fernsehen zweifellos noch enger gestalten. Denn immer stärker scheint sich bei denen, die massenmediale Hebel bedienen, die Erkenntnis durchzusetzen, daß sie trotz ihrer Einwirkung auf Millionen von Menschen nur Oberflächenpolitur betreiben. Hör- und Seheindrücke, zeitlich bemessen und schnell verweht, schließen jede Information kurz. Was bleibt, das sind allenfalls Bildungsimpressionen, auf Apparatdistanz genossen. Ob Computerequilibristik oder audiovisuelle Biblia pauperum moderner Bildungsbeflissenheit: Vertiefung und damit individuelle Verarbeitung der Informationen, Gedanken und Gefühle kann – im Sinne von Menschlichkeit – weitgehend doch nur die intensive Beschäftigung mit dem Buch bringen.

Gewiß: der Ruf nach Vertiefung gilt heute fast schon als Ausdruck faschistoider oder reaktionärer Verhaltensweisen, aber mit Flachdenken und zukunftsverklärter Fortschrittskonditorei kommt man leider auch nicht allzu weit. Nicht zuletzt wird diese Auffassung bekräftigt durch die Tatsache, daß sich gerade durch den Einfluß der Massenmedien nachweisbar mehr Menschen zum Buch hingezogen fühlen als jemals zuvor. Der Wunsch, die empfangenen Anregungen oder impressionistischen audiovisuellen Attacken nicht auf sich beruhen zu lassen, ist offensichtlich stark genug, um eine Auflehnung gegen die Frustration durch individuelle Lektüre auszulösen. Das müssen wir erkennen, und darauf müssen wir unsere Hoffnung konzentrieren.

Die Zukunft, die jetzt schon begonnen hat, wird zweifellos härter sein als jede Zukunft, auf die sich jemals zuvor eine Generation vorbereitete. Sie führt an die äußersten Grenzen der Menschheit und der Menschlichkeit. Diese Grenzen immer wieder verantwortlich sichtbar zu machen durch Kommunikation, soll und muß unsere vornehmste Pflicht sein.

Mit tiefem Erschrecken spürt die junge Generation den fortschreitenden Kontaktverlust, dem die moderne Massengesellschaft ausgesetzt ist – und sie reagiert auf diese Empfindungen durch die Proklamation rührend-unsinniger Gemeinschaftserlebnisse. Nicht bereit, die mangelnde Kommunikation durch

Konsumräusche zu kaschieren, nimmt sie lieber Zuflucht zu Haschisch und subkulturellem Hohn, um die aufkeimende Verzweiflung und die Angst vor der Vereinsamung in einer Welt der grellen Effekte und der heimlich-unheimlichen Manipulation zu verdecken.

Um so notwendiger erscheint die Erkenntnis phänomenaler Zusammenhänge, um einen Prozeß in Gang zu setzen, der solchen Enttäuschungen und Frustrationen vorzubeugen und die als Protest sich äußernde Aktivität in eine anthropologisch sinnvolle Richtung zu lenken vermag. In diesem Zusammenhang wird gerade dem Buch zukünftig eher eine vermehrte als verminderte Bedeutung zukommen als Moderator des hereinbrechenden Mattscheiben-Bildungs- und Freizeit-Theaters ...

14

Im Tabernakel stehn die Schnäpse

Vermischte Gedanken über antiquarisches Verhalten

So faustisch sich der Mensch auch gebärden mag, so leichtfertig er sich auch der Hoffnungslosigkeit des Nichts ausliefert, die hinter der Fortschrittshybris auftaucht – der Reaktionsapparat seiner Seele ist immer noch auf die gleichen Frequenzen eingestellt wie vor zweitausend, dreitausend, viertausend oder sechstausend Jahren. Zehntausend Jahre Bewußtsein reichten nicht aus, um den Schalthebel der Mutation zu bewegen, der dem fortgeschrittenen homo sapiens die (allerdings problematische) Erleichterung verschaffen könnte, die Signale der Vergangenheit nicht mehr auffangen zu müssen.

Inmitten einer zunehmend auskühlenden menschlichen Gemütswelt, inmitten von mechanischen Schnelldenkern und Automaten, von Schallmauerdurchbrüchen und Atom-U-Booten, die Lungen geschwängert von Kohlendioxyd und die Trommelfelle von Lärmwirbeln mißhandelt, sehen wir uns erstaunlichen Idyllen gegenüber: Gammler, das ungewaschene Blondhaar an

Mütterchen Natur geschmiegt, verkünden zur Laute das einfache Leben; Millionäre löffeln ihr üppiges Süppchen aus bäuerlicher Keramik und zahlen Höchstpreise für Großmutters Kochlöffel. Von Neon ausgebleicht, versammelt sich die Familie beim trauten Schein einer Petroleumfunzel und starrt auf die knisternden Scheite, die im Kamin verlodern. Kuhglocken läuten zum Diner, und überm offenen Feuer grillt die geschäftige Hausfrau die saftigen Steaks, als wolle sie, wie vor grauen Zeiten, eine höhlenbewohnende Urhorde bedienen.

Verkehrte Welt oder nur modische Attitude? Ein Vierteljahrhundert zuvor war der Mythos von Blut und Boden zur deutschen Staatsreligion erhoben worden, obwohl schon damals bekannt gewesen sein dürfte, daß Blut gar nicht der „ganz besondere Saft" sei, für den man es hielt: die drei Blutgruppen reichen nicht aus, um darauf eine Rassentheorie zu gründen, und auch die Scholle gibt außer Regenwürmern und Engerlingen wenig her, das einem Mythos des 20. Jahrhunderts hätte zuträglich sein können. Trotzdem wurde der Bauer auf freier Scholle, in dessen Adern gesundes Blut rollt und rollt, zum Symbol: die Hände über der Bibel gefaltet, das verwitterte Antlitz sinnend ins Weite gerichtet, signalisierte er der ergriffenen Mitwelt bäurisches Wesen.

Bauernromane schossen wie Pilze aus den Literaturbeeten: verklärt schritten wettergebräunte Gestalten übers aufgebrochene Feld, und herbe Frauen mit nordischem Profil säugten an offener Brust neugeborene Erbhofsöhne, denen ein hartes, aber erfülltes Leben bevorstand. Ludwig Thoma hätte sich, wäre er noch am Leben gewesen, totgelacht über diese bäuerlichen Edelmenschen; mit den Bauern, denen er am Wirtshaustisch zuprostete, stimmten sie noch nicht einmal äußerlich überein.

Der Spuk von Blut und Boden zerbarst im Getöse geschichtlichen Zusammenbruchs. Mit beißender Ironie übergossen und als faschistische Restbestände boykottiert, verkrochen sich die sentimental-pathetischen Bauernliteraten und räumten das Feld jenen, die durch intellektuelle Purzelbäume die neugewonnene Geistesfreiheit feierten und die Wirklichkeit so nachdrücklich verfremdeten, daß kein Zipfel mehr von ihr sichtbar blieb. Ein Extrem löste das andere ab; jedoch die Sehnsucht nach der Landluft blieb: selbst abstrakte Maler, des Naturvorbildes längst überdrüssig, bevorzugen ländliche Idyllen als Wohn- und Arbeitssitz, hängen sich Ochsengeschirre in die Diele und strecken die Füße untern Kachelofen, obwohl sie die Erinnerung an die Schollenideologie eigentlich vor derart verfänglichen „Zurück zur Natur"-Spielereien warnen müßte. Da sie sich jedoch offenbar keiner Sünde wider den Geist schuldig fühlen, muß hier Tieferes wirken als Dilettantenphilosophie und Rassenmetaphysik.

Als modischer Antiquitätenfimmel chiffriert, empfängt der Mensch des Düsenzeitalters und der Mondflüge auf den archaischen Seelenfrequenzen Botschaften, die ihn an den Aufbruch seines Daseins und an eine Erlebniswelt erinnern, die noch nicht verstellt war von den Kulissen der hypertrophierten Zivilisation, sondern die unmittelbare Zwiesprache mit den Mächten des Kosmos zuließ, ja sie geradezu herausforderte. Ein Heimweh nach ungebrochener Wahrnehmung der Wirklichkeit, nach ungeheuchelten Gemütsbewegungen und naivem Seinsvertrauen spricht sich aus und formuliert die heraklitische Weltformel, die alles Lebendige als „Dauer im Wechsel" begreift. Mit ideologischem Schollenbewußtsein hat diese unreflektierte Rückbesinnung auf die menschliche Frühzeit der Ackerbauer und Jäger ebensowenig zu tun wie mit Gegenwartsflucht oder irrationalen Phantastereien. Sie ist anthropologisch bedingt; wir können uns ihrer nicht erwehren, da unsere individuelle Existenz unabdingbar mit der Vergangenheit und der Zukunft des Menschengeschlechts verknüpft ist. Träfe diese Einsicht nicht zu, so hätte der faustische homo sapiens längst die Grübelei über seine eigene Geschichte aufgegeben.

Als die Bauernphilosophie, vornehmlich von Nichtbauern erdacht, aus den Bindungen des Menschen an seinen bäuerlichen Ursprung ein völkisches Programm zu entwickeln versuchte, ignorierte sie eine wesentliche Tatsache: zwar ruht die abendländische Kultur auf bäurischem Grund, jedoch ihren Glanz und ihre Größe verdankt sie den Städten und damit der Zivilisation. Denn nur in den Städten gedieh jener Luxus des Geistes, jene Souveränität des Denkens und Schaffens, die überragende Leistungen der Kultur fördern. Diese Feststellung bedeutet weder eine Abwertung ländlichen Daseins noch eine Aufwertung der städtischen Gesellschaft; sie entspricht lediglich der geschichtlichen Wahrheit. Athen, Rom und Alexandria waren die geistigen Zentren der Alten Welt; später – vom Mittelalter bis zum Rokoko – übernahmen die Fürstenhöfe und Klöster die kulturelle Initiative, bis im bürgerlichen Zeitalter die Städte erneut ihren Führungsanspruch anmeldeten.

Die bäuerliche Kunst blieb Volkskunst; selten erreichte sie die Höhe des Stils und das Formniveau, das die Werke der Hochkunst auszeichnet. Ihr mangelt weitgehend das distanzierende Element der Reflexion. Sie bekundet sich zweckgebunden, handwerklich, naiv. Aber gerade diese Naivität fermentierte, solange die Städte und Fürstenhöfe den Kontakt zum ländlichen Dasein nicht aufgaben, die urbane Zivilisation und verschaffte ihr die ursprünglichen Impulse, die sie zu verfeinerten Formen hochstilisierte. Erst die explosive Entwicklung der Städte im 19. Jahrhundert, durch den Siegeszug der Industrie bedingt, zeitigte jenen verhängnisvollen Dualismus zwischen Stadt und Land, der ein hybrides Wuchern (und eine Überbewertung) der Zivilisation auslöste – eine Wucherung, die heute bereits auf das Land übergreift und eine zunehmende Verstädterung der ländlichen Bevölkerung einleitet.

Diese Störung des gesellschaftlich fruchtbaren Spannungsverhältnisses zwischen Stadt und Land ist, da sie dem Fortschrittsdenken alle Hemmungen aus dem Weg räumt, höchst verhängnisvoll. Der Mensch, als ein Geschöpf der Natur mit seinem leib-seelischen Dasein dem Naturorganismus einverwoben, verleugnet im Vertrauen auf die Künste seines Verstandes und auf die Errungenschaften der urbanen Zivilisation seinen Ursprung und damit die bestimmenden Faktoren seines Lebens. Er sprengt das Fundament, auf dem das Gebäude der Menschheit in Jahrtausenden errichtet wurde, sammelt aber zugleich ehrfürchtig die Trümmer und schmückt damit den häuslichen Herd.

So schließt sich der Kreis der Menschheitsgeschichte, die zu ihren glanzvollen Aufschwüngen der Urbanität bedarf, der Rustikalität aber nicht entraten kann. Wenn sie das Spannungsverhältnis zwischen beiden Lebensbereichen nicht immer wieder neu herstellt, verliert sie ihren anthropologischen Sinn.

Mondflüge und Geschwindigkeitsräusche, Elektronenhirne und Roboter ersetzen den Verlust nie, den der Mensch durch den Verzicht auf seinen Ursprung riskiert. Sie stellen nichts anderes dar als „Übersprungbewegungen" im Sinne der modernen Verhaltensforschung. Das heißt: unfähig, seine irdische Gegenwart sinnvoll zu bewältigen, vollführt der fortschrittsgläubige Mensch im Grunde sinnlose Kapriolen, um sich über seine Daseinsschwächen hinwegzutäuschen. Grotesk und beklemmend, aber auch rührend muten in dieser vertrackten Lage die Exkursionen an, die der verstädterte homo sapiens in die Regionen des „einfachen Lebens" unternimmt: durstig versucht er aus einer Quelle zu trinken, die er selbst tagtäglich verunreinigt.

15

Leben aus zweiter Hand

Audiovisuelle Ketzereien

Ein altes Sprichwort sagt: Not macht erfinderisch. Aber unsere hochzivilisierte technisierte Gegenwart scheint diese alte Volksweisheit – wie so viele Volksweisheiten – nicht nur Lügen zu strafen, sondern sie ins Gegenteil zu verkehren.

Beobachtet man nämlich aufmerksam, wie in der zweiten Hälfte des 20. Jahrhunderts die menschliche Erfindungsgabe ins industrielle Kraut schießt, so kommt man unversehens zu dem Schluß, daß nicht nur Not, sondern weit mehr noch Wohlstand erfinderisch mache. Die Wissenschaft feiert einen Triumph nach dem anderen, und der Konsumwahn einer luxurierenden Gesellschaft kennt kaum noch Grenzen. Ständig auf der Jagd nach neuen Reizen, fordert er der Industrie ein Höchstmaß an Einfallsfreudigkeit ab um eines attraktiven oder auch nur scheinbar attraktiven Angebotes willen.

Selbst die Freizeit, als Endziel menschlicher Freiheit gründlich mißverstanden, wird in diesen Circulus vitiosus von Produktion und Verbrauch einbezogen und materiell verplant. Die große

Stunde der Unterhaltungsfabrikanten, Hobby-Händler und Südstrandverkäufer hat geschlagen, und das massenmediale Angebot formiert sich – dem großen Geschäft winken ungeahnte Möglichkeiten. Wo Massen angesprochen werden, winkt auch der Massenumsatz und damit der überdurchschnittliche Gewinn.

Macht man sich angesichts dieses immer heftiger rotierenden wirtschaftlichen Kreislaufs klar, daß der Wohlstand und damit die ökonomische Blüte auf Verbrauch angewiesen ist, so stellt sich die Frage, ob unsere materiell orientierte Gesellschaft nicht doch einen Notstand anzeigt, der das eingangs zitierte Sprichwort bestätigt. Denn einmal auf eine derartige Höhe der wirtschaftlichen Konjunktur hinaufkatapultiert, kann sich die Sozietät ein Verweilen gar nicht mehr erlauben, wenn sie das erreichte materielle Niveau und damit den Standard ihrer Existenz nicht aufs Spiel setzen will. Sie muß sich unentwegt an Novitäten berauschen, um durch ihre Verbraucherhaltung die Produktion anzuheizen und damit der eigenen Arbeitskraft den ertragreichen Einsatz zu sichern.

So entsteht jene seltsame Wechselwirkung zwischen Produzent und Konsument, die im vorigen Jahrhundert der französische Nationalökonom Frédéric Bastiat eine „gegenseitige Beraubung“ genannt hat. Um diese „gegenseitige Beraubung“ zu kaschieren, werden Sinngebungen erfunden, die den künstlich erweckten Bedürfnissen den Charakter höherer Notwendigkeit verleihen. Ein Waschpulver zum Beispiel, das weißer als weiß wäscht, verspricht mehr als einen simplen Waschvorgang. Es repräsentiert gleichsam eine Art pulverisierter Weltanschauung, die das Säubern schmutziger Wäsche den Bereichen der Metaphysik annähert.

Es ist also die aus Überfluß geborene Not, die den Erfindergeist der Industriegesellschaft mächtig anregt. Sie schafft einen ausbeuterischen Zwang, dem schließlich auch der nicht mehr entrinnen kann, der von der Sinnlosigkeit dieser Selbstzweck-Produktivität überzeugt ist. Um so entschiedener drängt sich die kritische Besorgnis auf, ob der ökonomische Teufelskreis wie ein Perpetuum mobile funktioniert oder ob er eines Tages, durch einen Kurzschluß jäh gestoppt, in einer totalen Katastrophe endet, sofern menschliche Vernunft nicht rechtzeitig die Bremsen anzieht. Ohne Verzicht freilich wäre diese Bremsung kaum zu erreichen, und verzichten möchte derzeit wohl kaum jemand auf materiellen Besitz, zumal in dieser entgötterten Welt ein derartiger Besitz allein menschliches Glück zu versprechen scheint. Aber dieses materielle Glücksversprechen trügt.

Denn schließlich ist der Mensch, und das bedingt seine Ausnahmestellung unter den Lebewesen dieses Planeten, nicht nur im Irdischen, sondern auch im Kosmischen zu Hause. Er verfügt zwar über die materiellen Güter, die er im Laufe seines Lebens ansammelt, aber er sollte auch um deren Vergänglichkeit wissen: Der materielle Genuß wird ihn stets nur vorübergehend befriedigen, den seelischen Frieden findet er nur in der Einstimmung auf das Weltganze, mag man diese Einstimmung als Religion, Metaphysik oder Weltanschauung ausgeben. Namen sind hier, wie Goethe im Faust sagt, „Schall und Rauch", denn sie benennen im Grunde alle das gleiche, nämlich das Urbedürfnis des Menschen nach Transzendenz, um die Endlichkeit des Irdischen ertragen zu können. Das „Mitten im Leben sind wir vom Tod umfangen" der christlichen Kirche gibt diesem Bewußtsein des Endlichen im Unendlichen ebenso Ausdruck wie Ciceros Satz „Mortem effugere nemo potest" oder die auf die kurze Formel gebrachte Lebens- und Todesweisheit der Araber, die besagt: „Es ist später als du denkst ..."

Dieser alten Weisheiten uneingedenk, versuchen die Zeitgenossen angesichts einer rasanten Entwicklung von Wirtschaft und Technik, die sie weder geistig noch seelisch bewältigen, geschweige denn sinnvoll in ihren Daseinshaushalt einordnen können, den Verlust an Weltgläubigkeit durch gesellschaftliche Kommunikation allein zu ersetzen. Die Fetischisierung der Gesellschaft zu einer Art Religionsersatz jedoch kennzeichnet jenseits sozialutopischer Ideologien eher die Anpassung an einen materialistischen Diesseitigkeitswahn unter kapitalistischen Vorzeichen als eine menschenfreundliche Annäherung der Individuen. Die total kommunizierende Gesellschaft würde wahrscheinlich einem funktionierenden Ameisenhaufen bedrohlich ähneln.

Unter diesem Aspekt verraten auch die massenmedialen Zukunftserwartungen, die in die siebziger Jahre hineinprojiziert werden, im Grunde nur schwindendes Vertrauen zu den vitalen zwischenmenschlichen Beziehungen; die Apparatur als objektivierender Faktor soll regulieren, was von Mensch zu Mensch offenbar immer schwerer herstellbar ist: Gespräch und Verständigung.

Zweifellos wäre es töricht, in derart fortgeschrittener Schicksalsstunde der zivilisierten Menschheit und unter dem Druck einer bedrohlichen Übervölkerung der Erde den sogenannten Massenkommunikationsmitteln Sinn und Bedeutung schlechthin abzusprechen. Im Gegenteil: ein Massenzeitalter bedarf entsprechender Kommunikationsmittel, um überleben zu können. Entscheidend ist jedoch, was man mit diesen Apparaturen macht: ob man sie mit den gesellschaftlichen Notwendigkeiten verantwortungsbewußt (und das heißt: menschenfreundlich) synchronisiert, oder ob man in ihnen vornehmlich ein Mittel sieht, wirtschaftliche Macht zum Zweck der gegenseitigen Beraubung auszuüben.

Die Debatten um die neuerdings vielberufene Audiovision zum Beispiel tragen keineswegs dazu bei, den Glauben an eine sozial sinnvoll koordinierte Entwicklung auf dem ohnehin heiklen Gebiet der Massenmedien zu stärken. Vielmehr zeichnet sich schon jetzt ein hektischer Wettlauf der Konzerne um den größten Marktanteil an dem Geschäft mit dem tönenden Bild ab. Allerorten wird die totale Mattscheibe propagiert, die nicht nur das Freizeit-, sondern auch das Bildungsparadies auf Erden verheißt, zu erschwinglichem Preis und frei Haus.

Von der Mickymaus bis zur Einsteinschen Formel, von Charlie Chaplin bis Karajan, vom Amazonas bis zum Mond soll die Welt verfügbar werden auf Bändern und Platten, die ihre Elektro-Impulse freigiebig in die Braunsche Röhre ergießen: eine Orgie von bewegten Bildern, schwarz-weiß und in Farbe, vor deren Konkurrenz Familienblätter- und Illustrierten-Bosse ebenso zittern wie die Zeitungs- und Buchverleger. Denn die Faszination, die das Bild auf den Menschen ausübt, übertrifft alle anderen Sinneseindrücke bei weitem, und sie verspricht bei entsprechender Nutzung einen ausbeutbaren Reizwert von kaum zu unterschätzender wirtschaftlicher Bedeutung.

Von Urzeiten her nämlich ist der Mensch auf Auge und Ohr angewiesen, um sich in seiner Umwelt zurechtzufinden und zu behaupten. Dieser sinnesphysiologische Vorrang von Hören und Sehen, der auch die zwischenmenschlichen Beziehungen steuert, entstammt dem entwicklungsgeschichtlichen Erbgut des homo sapiens – einem Erbgut, das die vormenschlichen Lebensbedingungen der Hominiden entscheidend ausprägten. Als sozial lebende Baumbewohner in die Steppe verschlagen und zu aufrechtem Gang gezwungen, mit Greifhand ausgestattet und von Natur aus neugierig, konnten sich die Hominiden nur durch ein weitblickendes Auge und ein feines Gehör vor den allseits herandrängenden Gefahren ihres neuen Lebensraumes schützen und diesen Lebensraum selbst artgemäß bewältigen und gestalten.

Es ist längst kein stammesgeschichtliches Geheimnis mehr, daß die Verfeinerung des Gesichtssinnes und des Gehörsinnes im Verein mit den Vorzügen einer geschickten Greifhand jene Entwicklung vorantrieb, die den Menschen aus dem Tierreich zur irdischen Vormachtstellung aufsteigen ließ. Alle geistigen Fähigkeiten, die der Mensch im Verlauf seiner relativ kurzen Geschichte entfaltete, beruhen auf ursprünglich einfachen Wahrnehmungstatsachen des Sehens und Hörens – insbesondere auf Anschauung, also auf optischen Eindrücken und Erlebnissen. Selbst die abstrakte mathematische Formel birgt noch, wenn auch gedanklich ungemein verknappt, einen „Anschauungswert", den der Fachkundige leicht zu erschließen vermag.

Die „Anschauungswerte" empfängt der Mensch aus der Wirklichkeit, die ihn umgibt. Er sammelt Erfahrungen, die seine Phantasie zu dem verarbeitet, was, summarisch vereinfacht, das „menschliche Weltbild" genannt wird. Dieses Weltbild ist nicht konstant, sondern es verändert sich von Individuum zu Individuum, von Generation zu Generation und von Epoche zu Epoche. Denn der menschliche Geist verfährt nicht anders als die Natur, die ihm ihre Gesetze vorschreibt: er prüft und verwirft, er schafft und zerstört, um, wie der junge Goethe treffend bemerkte, „möglichst viel Leben zu haben".

Ein unaufhörlicher Prozeß findet statt als Folge einer unaufhörlichen Zwiesprache des Menschen mit der Welt, in der er lebt. Im Dialog mit der Gesellschaft werden die Erfahrungen dieses Erkenntnisprozesses ausgetauscht und zu einem Konsensus verarbeitet, der das Wissen und Erleben der einzelnen Individuen zusammenfaßt und als geistige Leistung der Sozietät potenziert. So entsteht, trotz unterschiedlicher Intelligenz ihrer einzelnen Glieder, die Kultur einer Gesellschaft. Sie kann, obwohl sie sich vornehmlich am Rang ihrer herausragendsten Geister orientiert, auf die Mitwirkung aller Individuen eines Gemeinwesens nicht verzichten.

Die audiovisuellen Futuristen, begünstigt durch Vermassungstendenzen innerhalb der explosionsartig angewachsenen Zivilisationsgesellschaft, versuchen nun, diesen menschlichen „Weltbild-Prozeß“ mit wirtschaftlichen Interessen zu infizieren. Sie wollen mit Anschauungswerten, die im Grunde nur in Freiheit gewonnen werden können, manipulierenden Handel treiben. Denn jede wirtschaftliche Aktion, die um ihrer selbst willen Bedürfnisse propagiert, wird vornehmlich darauf bedacht sein, den Reizwert (und nicht etwa den tatsächlichen, das heißt gesellschaftlich notwendigen Informations- oder Erkenntniswert) um jeden Preis aufrechtzuerhalten. Sie wird heftiger darum besorgt sein, daß die Mattscheibe flimmert, als darum, was auf dieser Mattscheibe mitgeteilt wird. Sie wird Faszination um der Faszination willen erzeugen müssen, um die Zeitgenossen vor die Röhre und damit zum optischen Verbrauch zu zwingen – zu einem Verbrauch aus zweiter Hand, nämlich aus reproduzierter Mattscheiben-Aufbereitung. Die Information aus der unmittelbaren Wirklichkeit wird immer mehr zurückgedrängt.

Auch die opportunistischen Hinweise auf den objektiven Bildungswert, den das kommerzialisierte Kassetten-Fernsehen und die anderen multimedialen „Träger“ darstellen sollen, ändern an diesem Sachverhalt wenig. Gewiß: auch die Vermittlung von Wissen läßt sich rationalisieren und bis zu einem gewissen Grade sogar objektivieren; man kann Lernvorgänge vereinfachen und schematisieren – aber man muß sich angesichts dieser programmierten Informations-Eintrichter-Technik doch ernsthaft fragen, ob hier ein weiterer Schritt zur Entfremdung des Menschen von der Wirklichkeit und auch von sich selbst getan wird.

Die Auslieferung an Apparaturen, die den Blick des homo sapiens auf die unmittelbaren, lebendigen Anschauungswerte immer sperriger verstellen, muß folgerichtig den Freiheitsraum des Individuums auf ein Minimum reduzieren und die Gefahr der Manipulation erschreckend erhöhen. Denn ein Mensch, der nicht mehr imstande ist, über seine Bedürfnisse frei zu entscheiden, weil er von den Informationen der verschiedensten Interessenten wie hinter einem Zoogitter gefangengehalten wird – ein solcher Mensch ist nicht mehr mündig, sondern Sklave eines Fortschritts, der in sich selbst kreist.

Derartige Zweifel an der audiovisuellen Revolution, die uns die Industrie aufdrängt, stimmen durchaus nicht in die zeitkritisch-modische Mäkelei an den multimedialen Techniken und Programmen schlechthin ein; jedoch warnen sie mit Nachdruck vor dem Mißbrauch der audiovisuellen Reproduktion um jeden Preis, der sich bereits am kapitalistischen Horizont abzuzeichnen beginnt.

Auch beim Einsatz der sogenannten Multimedien kommt es, wie bei einer Medizin, auf die Dosis an. Von Dosierung jedoch hält wenig, wer ein Geschäft machen will: der Blick auf die Kasse ist für ihn interessanter als die Verantwortung für das Seelenheil der Sozietät. Mag dieses unmenschliche Kalkül auch für den ökonomischen Augenblick gewinnträchtig aufgehen, die Quittung dafür fällt später um so makabrer aus: bei ihrem Anblick wird uns Hören und Sehen wahrscheinlich endgültig vergehen …

16

Rückblick auf die Zukunft unserer Bildungsanstalten

Sinn und Unsinn der Bildungspolitik

Im Zeichen des Fortschritts regiert der Optimismus. Selbst die Verdrossenheit derer, die mit dem gesellschaftlichen Pluralismus unserer Tage nicht einverstanden sind, zehrt von der ahistorischen Unbefangenheit eines Fortschrittsglaubens, der an sich selbst Genüge findet. Veränderungen und Reformen des gesellschaftlichen Daseins werden um ihrer selbst willen gefordert, und die Liquidation überkommener Werte und Scheinwerte, unterschiedslos als „Tabus“ gekennzeichnet, nimmt bereits die Form hysterischer Bilderstürmerei an.

Zugleich meldet sich eine Originalitätssucht zu Wort, die nur gelten lassen will, was neu ist, mag es auch noch so banal und absurd auftreten. Die Sinngebung des Sinnlosen feiert Triumphe, weil nicht mehr der Wert einer schöpferischen Aussage zur Debatte steht, sondern vornehmlich ihr intellektueller Überraschungseffekt. Das Experiment steht entsprechend hoch im Kurs, denn es garantiert auch dem geistigen Schwächling noch eine Teilhabe an jenem Novitätenoptimismus einer Epoche, deren trivialem Tatendrang offenbar keine Grenzen gesetzt sind.

Die Frage nach dem Ziel einer derart entfesselten Aktivität wird allerdings kaum gestellt – und wenn sie auftaucht, antworten ihr Phantasien an utopischen Kaminen, die dem Prüfstein der Wirklichkeit ein Schnippchen schlagen. Denn der Fortschritt ist seinem Wesen nach nicht nur zur Vergangenheit, sondern auch zur Zukunft hin ahistorisch: Er bezieht seine Impulse aus dem Augenblick und für den Augenblick, und zwar auch dort, wo sich seine Verkünder futuristisch gebärden.

Insofern ist die Zertrümmerung sogenannter Tabus ein fragwürdiges Geschäft; denn hier werden im Affekt kritischer Kurzschlüsse Normen menschlichen Zusammenlebens beschädigt oder gar zerstört, deren Bedeutung das historisch-betrachtende Bewußtsein unschwer unter den zeitgeistigen Verlarvungen und Verformungen noch zu erkennen und zu würdigen vermag. Schließlich bedeutet Tradition, wie Konrad Lorenz bemerkte, keineswegs ein Verwalten erstarrter Fakten der Vergangenheit, sondern eine höchst lebendige Verarbeitung und Nutzung geschichtlicher Erfahrung. Je höher ein Lebewesen entwickelt ist, um so dringlicher ist es auf Tradition angewiesen, denn die Verhaltensweisen, die es erlernen muß, überwiegen bei weitem diejenigen, welche ihm angeboren sind. Eine Generation, die sich von der Nabelschnur der Tradition zu trennen beabsichtigt, gefährdet nicht nur sich selbst, sondern auch alle zukünftigen Generationen. Indem sie sich in Verkennung anthropologischer (und damit auch geistiger) Grundtatsachen einem voraussetzungslosen Novitätenrausch hingibt, verliert sie den Boden der Wirklichkeit unter den Füßen und blickt, anstatt optimistische Erfüllung zu finden, in das Medusenantlitz des Nihilismus.

Instinktiv reagieren Veränderer und Tabustürmer bereits auf diese Gefahr, indem sie anstelle der gestürmten Normen von gestern die primitiv geschnitzten Fetische von Sexus, Gesellschaft, Sozialismus und Bildung aufzurichten versuchen, denen die Mitlebenden ihre Reverenz erweisen sollen wie weiland die Eidgenossen Gesslers Hut. Hier schlägt Fortschrittsoptimismus in schiere Ideologie um, die der Freiheit des Individuums ein engeres normatives Korsett umlegt als sie es bisher hat tragen und ertragen müssen. Die Kultur wird dem Druck dieses Korsetts kaum standhalten, denn es duldet unter dem falsch verstandenen Begriff demokratisierter Bildung nur unterwürfiges Mittelmaß und denunziert jeden genialen Ansatz als elitäres Abweichen von der gesellschaftlichen Tendenz.

Das Problem, das sich hier stellt, ist nicht neu. Es wurde aufgeworfen durch die Emanzipation der bürgerlichen Gesellschaft im 19. Jahrhundert. Sie leitete nämlich eine Säkularisierung des Bildungsbegriffs ein, aus der sie unter dem Deckmantel kulinarischer Kulturheuchelei ein Besitzrecht an den sogenannten „geistigen Gütern" ableitete. Dieses Besitzverhältnis zur Kultur, auf das die bürgerliche Gesellschaft wie auf einen Adelsbrief schwor, teilte sich auch den sozialen Spannungen mit, die im Verlauf der industriellen Revolution auftraten. Bildung wurde als klassenkämpferischer Faktor erkannt und vom Proletariat reklamiert.

Der industrielle Fortschritt tat ein übriges, um die Grenzen zwischen Bildung und Wissen zu verwischen. Indem er qualifizierte Fachkräfte forderte, verlagerte er die Akzente von der zweckfreien Bildung auf die zweckgebundene Ausbildung. So konnte nicht ausbleiben, daß Bildung und Wissen schließlich zu einem identischen Begriff mutierten, die den ursprünglichen Sinn der Bildung kaum noch ahnen ließen. Die totale Information, die heute als das Bildungsziel schlechthin ausgerufen wird, zieht aus dieser Identität lediglich die entschiedenste Konsequenz.

Die Destruktion des Bildungsbegriffs zu einem materiellen Faktor und der materialistische Fortschrittsoptimismus stehen zueinander in einem kausalen Verhältnis. In dem Maße nämlich, in dem sich die Bildung der Verwertung auslieferte, büßte sie an anthropologisch wirksamer Widerstandskraft ein. Sie sucht ihre Erfüllung nicht mehr, um mit Gottfried Benn zu sprechen, im „Gegenglück des Geistes“, sondern im gesellschaftlich-materiellen Erfolg. Damit aber wird der Weg frei zu einer Bildungsvorstellung, die das schöpferische Spiel des Geistes als kulinarischen Luxus verdächtigt und nur der nüchternen Information einen Bildungswert zuzusprechen bereit ist.

Kapitalismus und Sozialismus erweisen sich in diesem Zusammenhang durchaus als Brüder der gleichen Denkart. Ihr materieller Fortschrittswille ignoriert den humanen Bildungsauftrag zugunsten einer Erfolgsgesinnung, die den Menschen schließlich zu seinem eigenen Sklaven erniedrigen wird. „Denn jetzt“, schreibt Friedrich Nietzsche, „ist die Ausbeutung eines Menschen zugunsten der Wissenschaften die ohne Anstand überall angenommene Voraussetzung: Wer fragt sich noch, was eine Wissenschaft wert sein mag, die vampyrartig ihre Geschöpfe verbraucht?“

Der Satz ist jener erstaunlichen Reihe von fünf Vorträgen entnommen, die Friedrich Nietzsche, 28 Jahre alt, Professor der Altphilologie, im ersten Quartal des Jahres 1872 in Basel gehalten hat; Titel: „Über die Zukunft unserer Bildungsanstalten“. In einem fiktiven, an die platonischen Sokrates-Dialoge erinnernden Gespräch erörtern ein Philosoph und sein Schüler das Problem der Bildung, das ihnen am Beispiel des damaligen Schulwesens überdeutlich vor Augen tritt. Er hoffe, so läßt Nietzsche seinen Philosophen sagen, daß „die Tage der bisherigen Schule“ gezählt seien, weil sie die jungen Menschen zu „Dienern des Augenblicks“ erziehe, anstatt sie auf die „Erlösung vom Augenblick“ vorzubereiten. Diese Vorbereitung habe zu beginnen „mit der richtigen Gangart der Sprache“, die erlernt werden müsse. Denn es gibt, sagt Nietzsche, keine klassische

Bildung ohne „erschlossenen Sinn für die Form". Nur dieses Unterscheidungsvermögen zwischen Form und barbarischer Stillosigkeit garantiere ein schöpferisches Verhältnis zur Kultur, das den Menschen davor bewahre, „schnell ein geldverdienendes Wesen werden zu wollen".

Mit der „Mobilisierung der Bildungsreserven", die ein westdeutscher Kultusminister forderte, hat diese Bildungsvorstellung, die sich an der hellenischen Antike orientiert, allerdings ebensowenig zu tun wie mit der antiautoritären Pädagogik, die als letzter Forschrittsschrei verkündet wird. Bekennt sich Nietzsche doch zum aristokratischen Prinzip der Kultur, das weder mobilisiert noch antiautoritär aufgepäppelt werden kann, sondern das sich aus der schöpferischen Spannung ergibt, die ein Volk zu erzeugen vermag. Dieses aristokratische Prinzip, das sich ganz natürlich aus der geistigen Rangordnung der Individuen ableitet, ist an keinen Stand und keine Rasse gebunden – und es widerspricht auch keineswegs sozialer Gerechtigkeit und demokratischer Gesellschaftsordnung. Kamen doch die großen schöpferischen Geister der letzten vier- oder fünfhundert Jahre fast ausnahmslos aus dem Volk, ja oft sogar aus den untersten gesellschaftlichen Schichten. Ihr Rang in der Geistesgeschichte beweist sich jedoch durchaus nicht nach ihrer Herkunft, sondern nach ihrer Leistung als, wie Nietzsche trefflich sagt, „Erlöser vom Augenblick".

Um so grotesker erscheint die Tatsache, daß gerade eine Zeit, die vorgibt, für die „freie Persönlichkeit" zu kämpfen, dem Genie, das ins Große denkt und schafft, weniger Aktionsraum zuzugestehen bereit ist als frühere, weitaus „repressivere" Zeiten. Genies, die Gegenbilder der Epoche im Sinne der von Nietzsche geforderten klassischen, an der Form (im vorder- wie im hintergründigsten Sinn des Wortes) orientierten Bildung entwerfen, sind unzeitgemäßer denn je. Sie werden einer falsch verstandenen Bildungsdemokratie geopfert, die glaubt, Kultur sei auf dem Weg über Stoffhuberei, Informationstechnik, Trivialität und geistiges Gleichheitsprinzip zu erreichen.

Genau dies sind jedoch die Faktoren, die eine produktive Bildung als Voraussetzung für große kulturelle Leistungen mit Sicherheit verhindern und statt mündiger Individuen eine Masse von informierten Funktionierern erziehen. Bildung muß herausgefordert, nicht eingetrichtert werden, wenn sie mehr zeitigen soll als spießbürgerliche Freizeitidylle mit Campingzelt und Flaschenbier, erkauft auf dem hektischen Markt des kurzlebigen Fortschrittsaugenblicks. Kultur bedeutet Aufgeben des sozialen Egoismus zugunsten eines höheren, freieren Begriffs von Gesellschaft unter dem Primat eines schöpferischen Geistes, der an sich selbst zuletzt denkt. „Denn Bildung beginnt", nach Nietzsche, „erst in einer Luftschicht, die hoch über der Welt des Existenzkampfes lagert."

Diese Erkenntnis wieder zu erlangen und zu lehren wäre eine Aufgabe, dic unseren Bildungsanstalten, den Gymnasien wie den Universitäten, entschiedener zu empfehlen wäre als manche halbherzige Reform, die nicht zwischen Bildung und Ausbildung zu entscheiden wagt. Statt dessen programmieren bereits die Kybernetiker den objektivierten Informationsunterricht, der Bildung überflüssig machen wird zugunsten des dressierten Technokraten mit Freizeiterwartung. Der Prototyp des 21. Jahrhunderts tritt vor den Blick, dessen Geist nicht mehr des „Lebens unendliche Kette" repräsentiert, sondern der traditionslos für den Augenblick tätig wird und dabei seelisch verkümmert.

Seit Nietzsches Vorträgen „Über die Zukunft unserer Bildungsanstalten" sind hundert Jahre vergangen. Was damals als wünschbare Zukunft angesprochen wurde, ist nie Gegenwart geworden. Was bleibt, das ist nur ein wehmütiger Rückblick auf die Zukunft nicht nur unserer Bildungsanstalten, sondern unserer Bildung überhaupt.

17

Wie heillos ist die heile Welt?

Anatomie eines Schlagworts

Kaum ein Schlagwort erfreut sich gegenwärtig negativeren Gebrauchswertes als das von der „heilen Welt". Wo auch immer die Restbestände bürgerlicher Innerlichkeit aufgespürt und exekutiert werden wollen, erschallt jenes Schmähwort, das zynischer als jedes andere die hohle Scheinwelt der repressiven Klasse zu kennzeichnen vorgibt. Denn nichts, so meint eine nüchtern-fortschrittliche Generation von gesellschaftlichen Aufklärern, sei diese Welt weniger als heil; und eines Verbrechens versündige sich, wer versuche, diesen Tatbestand durch die rosaroten Nebel einer schönen Lebenspoesie zu verschleiern. Liege doch auf der Hand, daß die Realitäten unseres Daseins weit mehr durch Herrschaftsstrukturen und die sich daraus ergebenden Unterdrükkungen bestimmt würden als durch lyrische Bekenntnisse und andere Gemütsergötzungen. Um so nachdrücklicher müsse vor solchen schöntuerischen Ablenkungsmanövern gewarnt werden. Sie seien nichts anderes als eine gemeine Taktik der Herrschenden zum Zweck ungehinderter Ausbeutung der Unterdrückten.

Erst jüngst versuchten einige Theaterrevolutionäre diesen hanebüchenen Sachverhalt mit Hilfe von Goethes ‚Tasso' dem noch immer illusionsbereiten Publikum der repressiven Wohlstandsepoche brutal vor Augen zu führen: indem sie Tasso als sexuell-verklemmten „Emotional-Clown" entpoetisierten, glaubten sie Zusammenhänge anschaubar gemacht zu haben, die auf die Verfügbarkeit von Kunst durch die herrschende Klasse verweise. Nachzulesen ist das Protokoll dieses gesellschaftskritischen Entpoetisierungsprozesses nunmehr auch in einem adretten Büchlein, das auf geduldigem Papier schwarz auf weiß jenes köstliche Wort Schopenhauers bestätigt, daß jeder seinen eigenen Horizont bereits für das Ende der Welt und damit für der Weisheit letzten Schluß halte.

Aber kein Horizont kann offenbar beschränkt genug sein, um sich als solcher auch selbst zu entlarven: Immer noch gibt es genug Zeitgenossen, die auch an ihm noch das Morgenrot „neuer Erkenntnisse" und neuer Zeiten aufdämmern sehen, vor allem dann, wenn sie die Ferngläser ihres Verstandes verkehrtherum vors geistige Auge pressen.

Deshalb kann man es leider auch nicht bei der Poesie im allgemeinen und bei Tasso im besonderen bewenden lassen, sondern man muß sich die Frage vorlegen, was es mit der „heilen Welt" und ihrer gesellschaftlichen Buhmann-Rolle im Zeitgeisttheater wohl auf sich habe. Diese Frage aber leitet notwendig zu dem Grundsatzthema über, welche Funktion der Kunst in der menschlichen Gesellschaft zugewiesen sei und was zu dem jetzt zutage tretenden Vertrauensschwund gegenüber dieser Funktion geführt habe.

Seit den frühen Tagen, in denen der Mensch in die Helle des Bewußtseins trat und, seiner selbst innewerdend, sich geschichtlich zu verwirklichen begann, verspürte er eine schmerzliche Dissonanz zwischen körperlichem Dasein und geistigem Wollen. Band ihn doch seine Körperlichkeit an Verhaltensweisen, die der Idealität entworfener Weltbilder widersprachen oder sie doch zumindest in Zweifel zogen. Entschlossen jedoch, sich der Barbarei, in die ihn sein materielles Dasein immer wieder hineinzustoßen drohte oder allzuoft auch hineinstieß – entschlossen, sich dieser Barbarei wenigstens zeitweise zu entziehen, nutzte der Mensch seine Freiheit zu Religion und, mit ihr eng verschwistert, zu Kunst.

In Religion und Kunst fand er von altersher die metaphysischen Helfer bei dem schwierigen Geschäft, seine Existenz mit sich selbst wieder zu versöhnen und sie dem Kosmos, aus dem sie herausgetreten war in die Vereinzelung, wieder einzugliedern. Insofern künden Religion und Kunst nicht etwa von der „heilen Welt"des Menschengeschlechts, sondern sie sind im Gegenteil ein Beweis für die Heillosigkeit der Welt, die, um zunächst im Theologischen zu bleiben, immer wieder des Heils, der Heilung bedarf, wenn sie nicht an sich selbst verzweifeln will.

Noch die leere Versgirlande einer lyrischen Schönschreiberei, noch der abgeschmackte Seelenkitsch einer Schlagerschnulze zehren von dieser „Heilserwartung" – allerdings auf einem Niveau, auf dem Erfüllung sich in ihr krasses Gegenteil, nämlich in schale Entleerung, verkehrt.

Derartige Frustration durch unsäglich verflachte Heilsversprechen aber führt unmittelbar zu der rüden Enttäuschung über den „Wert" der Kunst, die sich in Manifesten der Gegenkunst oder der Subkultur äußert – in Manifesten, die als Projektion der „heilen Welt" verhöhnen, was ursprünglich als Tröstung des Menschen in der heillosen Welt seinen Sinn hatte und auch nie anders empfunden wurde.

Man vergegenwärtige sich die Schicksale großer Künstler, und man sieht sich konfrontiert mit einer einzigen menschlichen Leidensgeschichte, die von Krankheit, Versagen und Lebensangst bis hin zu Laster und Verbrechen reicht. Heil war die Welt, in der diese Männer und Frauen ihr Dasein dahinbrachten, keineswegs: sie alle waren durch Heillosigkeit mehr oder weniger gezeichnet als Versehrte ihrer Erdentage. Daß sie dieser Existenz dennoch im Kunstwerk das Gegenbild selbstgeschaffener Tröstung entgegenstellten, macht sie erst groß, denn es kennzeichnet sie als herkulische Überwinder einer barbarischen Wirklichkeit, die sie nicht als verbindlich anzuerkennen bereit waren.

Insofern erschien es auch vergleichsweise witz- und geistlos, in säkularen Jubiläumsjahren an den Gipsbüsten vermeintlicher Titanen herumzuschnipseln, um das Allzumenschliche des schöpferischen Daseins ins rechte Licht des Zeitgeist-Parterres zu rücken. Abgesehen davon, daß die Biographien der Großen längst keine Geheimnisse, auch keine allzumenschlichen, mehr bieten, wertet die Kenntnis gerade dieser menschlichen Unzulänglichkeiten das Werk selbst eher auf als ab. Denn nicht die Vollkommenheit der Person, sondern die Bedeutung des Werkes steht in der Kunst zur Debatte, und nur sie setzt dem Menschen, der das Werk schuf, fernab billiger Halbgottverehrung, das Denkmal, das allein unsere Bewunderung verdient.

Mit anderen Worten: Es ist gerade die Diskrepanz zwischen Kunstwerk und Leben (und nicht etwa deren Kongruenz), die dem schöpferischen Ausdruck verbindliche Größe und gesellschaftsfördernde Kraft verleiht. Eröffnen sich hier, im Bereich der Phantasie, doch Freiheitsräume, die das spüren lassen, was wir Glück nennen: nämlich jenseits der miesen Notdurft des materiellen Alltags die Vollendung dessen erahnen oder gar erschauen zu dürfen, was der Mensch vermag, wenn er die Barbarei abstreift.

Stifters oft geschmähter Roman ‚Der Nachsommer' liefert dafür ein ergreifendes Beispiel: Hier entwarf ein Mensch, dem ein klägliches Schicksal schließlich als letzten irdischen Trost das Rasiermesser zum Selbstmord in die Hand drückte, das Bild einer „heilen Welt", das mehr über deren Heillosigkeit und Verwundbarkeit aussagt als Stöße von Desillusionierungsmanifesten.

Allerdings darf in diesem Zusammenhang nicht verschwiegen werden, daß der tiefere anthropologische Sinn der Kunst in dem Maße entleert wurde, in dem das Kunstwerk, zur bürgerlichen Konsumware erniedrigt, wie Trostpflästerchen aus Herrn Biedermanns Seelenapotheke gehandelt wurde. Gegen die Mitte des vorigen Jahrhunderts konnte Hegel bereits feststellen, daß „die eigentliche Art der Kunstproduktion unser höchstes Bedürfnis nicht mehr ausfülle". Denn „wir sind darüber hinaus", so bemerkt er weiter, „Werke der Kunst göttlich verehren und sie anbeten zu können; der Eindruck, den sie machen, ist besonderer Art, und was durch sie erregt wird, bedarf noch eines höheren Prüfsteins und anderer Bewährung. Der Gedanke und die Reflexion haben die schöne Kunst überflügelt ... In all diesen Beziehungen ist und bleibt die Kunst nach der Seite ihrer höchsten Bestimmung ein Vergangenes."

Diese Worte, gesprochen in dem stolzen Bewußtsein, daß sich nur denkerischem Zugriff die Welt entschlüssele – diese Worte läuteten in der Tat wie Totenglocken die Grablegung der Kunst ein. Denn, als ein Produkt der schöpferischen Phantasie auf vornehmlich sinnliche Wirkungen und damit auch auf Naivität im höchsten Sinne des Wortes angewiesen, kann das Kunstwerk sich vor dem Gedanken und der Reflexion auf die Dauer kaum behaupten. In die Rolle des Kultursurrogates und des Bürger-Nippes gedrängt, vermag sie ihre Funktion als Versöhnerin mit dem Dasein nur noch sehr unzulänglich und rein zufällig zu erfüllen. Hoffnungslos säkularisiert, sieht sie sich dem Gespött der Barbaren ausgeliefert, die ihr das Menetekel der „heilen Welt“ anheften und sie damit vor der Gesellschaft denunzieren.

Aber diese Gesellschaft wird, sofern sie ihre Horizonte weiterhin mit dem umgedrehten Feldstecher der materialistischen Denkart beäugt und sich einseitig mit Haut und Haaren der denkerischen Dialektik ausliefert, kaum einen Weg finden, der sie aus der Heillosigkeit, in der sie sich jetzt noch mit wohligem Schauder räkelt, herausführt.

Die Barbarei lag dem Menschen von jeher näher als das Heil; aber noch nie hat er sich zu diesem barbarischen Teil seines Wesens zynischer bekannt als heute, und das heißt: just zu dem Zeitpunkt, wo wir nach barbarischem Anschauungsunterricht der unmittelbaren Vergangenheit eigentlich hellhöriger denn je reagieren müßten auf jede Art von Unmenschlichkeit.

Statt dessen lassen wir den tragischen Zusammenstoß zwischen Künstler und Welt, wie er im Tasso ebenso exemplarisch wie realistisch dargestellt wurde, als Emotional-Clownerie veralbern und uns die töricht mißverstandene „heile Welt“ um die Ohren schlagen. Angesichts derartigen Unverständnisses kann man nur noch in letzter Verzweiflung ausrufen: Zeitgenossen, schaut endlich von der richtigen Seite in die Ferngläser, dann werdet ihr mit Schrecken erkennen, wie nah und beschränkt die Horizonte sind, die euch so fern und weit und offenbarungs-morgenrötlich erscheinen!

18

Pornographen und Paragraphen

Zur Diskussion um den Paragraphen 184 StGB

„Den Teufel“, sagte schon Goethe, „spürt das Völkchen nie, und wenn er es beim Kragen hätte!“ Nun, die Deutschen zeigen sich in der Kunst, den Teufel zu ignorieren, stets besonders eifrig. Bestrebt, alles zu idealisieren (auch das Negative), zimmern sie sich sogar noch aus dem Masochismus der Selbsterniedrigung eine Art Weltbild – kaum ahnend, daß sie damit nur ihre permanente Unfähigkeit bekunden, sich überhaupt ein zureichendes Bild von der Welt machen zu können.

Welche Sumpfblüten der deutsche Weltbild-Bankrott im Mistbeet ideologischer Hysterie züchtet, kann ohne allzugroßen geistigen Aufwand an der Diskussion abgelesen werden, die sich unter anderem am Paragraphen 184 des Strafgesetzbuches entzündet. Dieser Paragraph betrifft die „Verbreitung unzüchtiger Schriften“. Er verbietet solche Schriften zwar nicht grundsätzlich, aber er schränkt deren Verbreitung so energisch ein, daß diese Einschränkung einem Verbot gleichkommt. Benachbart sind diesem Paragraphen im Text des Strafgesetzbuches die Tatbestände der Kuppelei, der Unzucht, der Zuhälterei, der Verführung, des öffentlichen Ärgernisses, der Notzucht – und nicht zuletzt der ebenfalls umstrittene (oder schon nicht mehr umstrittene) Paragraph 175. Der gesamte Komplex wird unter dem Begriff „Sexualstrafrecht“ zusammengefaßt.

Das deutsche Strafgesetzbuch stammt aus der zweiten Hälfte des 19. Jahrhunderts. Erlassen unmittelbar nach der Reichsgründung am 15. Mai 1871, ist es nicht nur typisch für die Rechtsauffassung des wilhelminischen Kaiserreiches, sondern es birgt auch hervorstechende Züge der deutschen idealistischen Philosophie, die das vorige Jahrhundert durchdrang. Trotz verschiedener Reformen blieb diese geistige Grundlage der deutschen Strafgesetze bis auf den heutigen Tag erhalten. Daher erscheint es durchaus sinnvoll und notwendig, nach hundert Jahren eine grundsätzliche Überprüfung dieses Gesetzwerkes zu fordern mit dem Ziel, der inzwischen stark veränderten gesellschaftlichen Situation auch strafrechtlich angemessen (und das heißt anthropologisch-realistisch) zu antworten.

Diese schwierige Reformarbeit der Juristen und Soziologen, um die sie wohl kaum jemand beneidet, wird erschwert durch das meinungsintensive Dreinreden ideologischer Interessenvertreter, die das alte Gesetzbuch als repressive Zwangsjacke kennzeichnen, mit deren Hilfe die Herrschenden eine mündige Gesellschaft polizeistaatlich in Schach zu halten wünschen. Am liebsten würden sie jeden Paragraphen kurzweg in sein anarchistisches Gegenteil umformulieren, um endlich den Weg freizusprengen für eine rücksichtslose Tabu-Zertrümmerung und damit für eine ungehinderte „Entwicklung" des Individuums.

Daß solche Umkehr der strafgesetzlichen Bestimmungen nicht Sinn einer Strafrechtsreform sein kann, liegt auf der Hand – oder sollte eigentlich auf der Hand liegen. Denn, sagt Graham Greene, „wer den Menschen die Hölle auf Erden bereiten will, braucht ihnen nur alles zu erlauben". Leider jedoch entfernt sich das anarchistische Freiheitsgeschrei immer fanatischer (und auch zunehmend rabulistischer) von dieser simplen Einsicht, und es verwirrt allmählich auch die Sinne derer, die von Amts wegen zu nüchterner Einschätzung des Sachverhaltes verpflichtet sind, nämlich: die Sinne der Juristen.

Diese Entwicklung stimmt sehr bedenklich; besteht doch die Gefahr, daß die Neufassung wichtiger Strafrechtsparagraphen durch richterliche Nachsicht negativ präjudiziert wird. Nicht Reform, sondern ersatzlose Streichung der ramponierten Paragraphen wird schließlich die Folge derartigen Verhaltens sein.

Genau dieser Aspekt trifft zum Beispiel für den Paragraphen 184 zu. Kaum noch juristisch angewandt, siecht er in Agonie dahin, mit Hohn übergossen als ramponiertes Wahrzeichen von Opas Spießbürger-Sittlichkeit. Und kaum ein Rechtslehrer kann es wagen, sich auch nur für eine Reform dieses Textes einzusetzen, ohne selbst spießbürgerlich-reaktionärer Gesinnung beschuldigt und als Reaktionär verschrieen zu werden. Denn Pornographie gilt als letzter Modeschrei des individuellen Freiheitskampfes einer Gesellschaft, die alles darf, was ihr Spaß macht. Mögen auch beim Genuß dieser Freiheit oft die Neurosen intensiver sich zu Wort melden als der Spaß – Hauptsache: die ideologische Rechnung geht auf, die rabulistische Kasse stimmt!

Die Tragödie dieser antiautoritären und antirepressiven Generation, die alles machen möchte und auch schon machen darf, was ihr Spaß bereitet, schrieb ein junger Österreicher: Wolfgang Bauer aus Graz. Sein Stück ‚Magic Afternoon' bietet das Psychogramm einer Sozialneurose von banaler Größe. Wartend auf etwas „Aufregendes", das sich, weil eigene Aktivität voraussetzend, nicht ereignen kann, rotieren vier junge Menschen in der lähmenden Leere ihrer sinnlosen Dialoge, hin und her gehetzt zwischen Aggression und Depression. Durch Rauschgift hochgepeitscht, entladen sie ihren Seelenstau schließlich in brutaler Scheinaktivität: ein Messerstich stellt die Realität jäh wieder her, und was übrig bleibt, ist klägliche Spießbürgerangst: „is ja ein Wahnsinn", jammert Charly, einer der vier Akteure, „des steh i net durch. ... Stell' dir vor, wann jetzt wer kummt ..."

Nun, solchen entnervenden Leerlauf individueller Enthemmung steht gewiß niemand durch, der sich nicht bereit findet, eine sittliche (und das heißt praktische) Norm menschlichen Zusammenlebens anzuerkennen und sich auf sie zu verpflichten. Wenn es an dieser Einsicht mangelt, dann ist der Staat aufgerufen, seine Bürger vor der eignen Unvernunft nachdrücklich zu schützen – es sei denn, der Staat begreift sich nur noch als bürokratische Verwaltungsmaschinerie, die Steuern kassiert und Etats aufstellt, um diese Einkünfte wieder mehr oder weniger sinnvoll auf sogenannte öffentliche Aufgaben zu verteilen.

Gewiß: in einer Zeit, die den Staat als kaum noch geduldete und im Grunde unerträgliche Institution individueller Freiheitsberaubung verteufelt, fällt eine ethische Sinngebung der Staatsidee schwer. Dennoch muß sie um der Humanitas willen immer wieder versucht werden, wenn die Sozietät sich nicht in ihr Gegenteil, nämlich in eine Aggression aller gegen alle verkehren soll. Sittlichkeit, befreit von der moralinsauren Heuchelei eines biederen Saubermann-Leitbildes, ist die unumgängliche Grundlage jeder menschlichen Gemeinschaft; wird sie um unrealistischer Denkutopien willen aufgegeben und zudem noch ausbeuterisch von verantwortungslosen Geschäftemachern umfunktioniert zu brutaler sexueller Herausforderung, so wird die Menschheitsgeschichte ihren Stab über die Generation brechen, die solches nicht nur widerstandslos, sondern auch mit einer schier infernalischen Lust am Untergang geschehen ließ.

Wolfgang Wickler, ein enger Mitarbeiter von Konrad Lorenz, schrieb ein höchst bedeutsames Buch mit dem provokativ fragenden Titel „Sind wir Sünder?" Er beschäftigt sich in diesem Werk mit den naturgeschichtlichen Aspekten der Ehe, und er räumt darin, gestützt auf biologische, insbesondere auf verhaltenswissenschaftliche Forschungstatsachen, mit dem muffigen Plunder moralischer Vorurteile und Fehlinterpretationen in puncto Sexualität gründlich auf. Vor allem beweist er überzeugend, daß Sexualität bei Tier und Mensch durchaus nicht nur im Dienste der Fortpflanzung steht und somit auch nicht ausschließlich in diesem biologischen Zusammenhang definiert und bewertet werden darf. Vielmehr erfüllt – nach Wickler – die Sexualität (und zwar nicht zuletzt in der menschlich sublimierten Form des Eros) auch eine nicht zu unterschätzende gesellschaftliche Aufgabe: sie fördert die soziale Bindung an den Partner und trägt dadurch ebenso nachdrücklich zur Erhaltung der Spezies durch Sozialverhalten bei wie durch die Garantie der Fortpflanzung.

Wenn diese Auffassung zutrifft (und es stehen ihr eigentlich keine wissenschaftlichen Zweifel entgegen), dann ergibt sich für den Gesetzgeber umso unmißverständlicher die Pflicht, die Sexualität vor der Hypertrophie und damit vor der Liquidation ihrer mitmenschlich so wichtigen Funktionen zu bewahren. Nichts ist einfacher zu bewerkstelligen, als die latent immer vorhandene Lüsternheit des *Homo faber* durch entsprechende Reize aufzustacheln und seine von altersher erotisch grundierte Kultur in ein Bordell zu verwandeln, in dem geistige Zuhälter sexuelle Parterreakrobatik als geistigen Fortschritt anpreisen.

Die kulturelle Emanzipation der Pornographie, die nicht nur vom Film, sondern auch von vielen Verlagen systematisch um recht naheliegender materieller Ziele willen betrieben wird, kennzeichnet in diesem Zusammenhang eine gesellschaftliche Destruktion beklemmenden Ausmaßes. Hier betreiben die Deutschen (und nicht nur sie) einen Nationalsadismus, dessen Brutalität erschreckend offenbar wird: Was sich beispielsweise die deutsche Dependance der Olympia-Press unter der heuchlerischen Vorgabe linksorientierter Befreiungstendenzen an sexueller Entmenschlichung leistet, das läßt sich kaum unterbieten.

Selbstbewußt erklärte allerdings der Verlag, Pornographie gelte heute (spätestens aber morgen) ebenso als literarisches Konsumgut wie der Krimi; der besagte Paragraph 184 StGB stelle demnach nichts anderes als eine demokratisch ungerechtfertigte Geschäftsschädigung zum Zwecke rüder „Gewinnabschöpfung“ durch den Staat dar. Deshalb müsse diese Strafrechtsbestimmung aus Deutschlands Sexmuffelzeit schnellstens verschwinden.

Angesichts derartiger Verlautbarungen weiß man kaum, worüber man sich mehr wundern soll: über die kesse Unverfrorenheit der Sex-Olympioniken oder über die Spießbürger der öffentlichen Meinung, die sofort beflissen Beifall spenden und ihre permanent verklemmte Bürgerpsyche durch Enthemmung verleugnen. Nichts nämlich – und das wissen die Unterleibsgeier genau – läßt sich leichter aktivieren und manipulieren als ein verdrücktes Selbstbewußtsein, und kein Wesen der Sozietas trachtet energischer nach unbürgerlichem Image als der Bürger selbst.

Aber, so ließ ein deutscher Gesetzhüter in puncto Paragraph 184 lapidar verlauten: „Der Gesetzgeber unterwirft die gesamte Bevölkerung einer Norm der Sexualethik, derzufolge die Beschäftigung mit obszönen Dingen sittlich verwerflich ist. Hierzu ist der Gesetzgeber jedoch nicht legitimiert, denn es gehört nicht zu den Aufgaben des Staates, den einzelnen Bürger zur Befolgung sittlicher Normen anzuhalten, über deren Verbindlichkeit nicht der Gesetzgeber, sondern nur das Individuum selbst allein entscheiden kann.“

Dieser Meinung sekundierte sogar ein Staatssekretär aus dem Bundesjustizministerium mit der Bemerkung, der Staat dürfe *in sexualibus* dem Bürger nicht mehr „mit erhobenem Zeigefinger gegenüberstehen“; denn jeder müsse selbst entscheiden, nach welchen sittlichen Grundsätzen er zu leben wünsche. Seit Urzeiten gehörte jedoch die Aufstellung sittlicher Normen und damit auch die Moderation der Sexualität zu den wichtigsten Aufgaben einer Gesellschaft, die sich ihren Gliedern gegenüber verantwortlich fühlte. Das hatte und hat mit Moralheuchelei nichts, aber mit realistischem Abwägen und Einschätzen der Existenzchancen sehr viel zu tun. Denn enthemmte Sexualität ist nicht zur Selbstverantwortung befreite Sexualität, sondern eine der Destruktion ausgelieferte menschliche Triebkraft.

Gewiß: auch sittliche Normen sind nicht unverrückbar und ewig; sie müssen immer wieder neu gestiftet werden im Wandel der gesellschaftlichen Prozesse. Aber diese Erneuerung sittlicher Normen kann zweifellos nicht erreicht werden durch ein pseudo-liberales Laisser-faire, das dem Einzelnen allein die Entscheidung über sein sittliches oder unsittliches Tun und Lassen überantwortet. Hier ist ein Konsensus nötig im Interesse aller Glieder der Gesellschaft, und dieser Konsensus heißt Gesetz.

Die rabulistische Konsequenz aus der juristischen Preisgabe sittlicher Normen kann demnach nur der Beginn einer radikalen Negation jeder Gesetzgebung sein. Wenn ein Richter (also ein Volljurist) die Zuständigkeit des Staates als Moderator gesellschaftlichen Zusammenlebens auf einem sozial so eminent wichtigen Gebiet wie dem der Sexualität leugnet, dann muß er auch bereit sein, andere Strafdelikte der alleinigen Zuständigkeit des Individuums zu überantworten. Ist doch kaum einzusehen, warum ein Dieb vor dem Gesetz schlechter wegkommen soll als ein sexueller Aufwiegler, der, seine pornographische Geschäftstüchtigkeit als Befreiungstat kaschierend, den Eros killt zugunsten einer gesellschaftszerstörerischen Bordellkultur.

Das sollten diejenigen, die an Gesetzesreformen arbeiten, ernsthaft bedenken, anstatt sich in der Pose intellektualistischen Imponiergehabes interviewen zu lassen und dabei zynisch bedauernd bekanntzugeben, daß lediglich „politische Rücksichten" gegen eine noch freizügigere Formulierung des Sexualstrafrechts sprächen …

19

Im Räderwerk des Zeitgeistes

Über das Geschäft mit der Bildung

Bereits im 18. Jahrhundert hatten die Aufklärer den humanistisch-enzyklopädischen Grundgedanken der Renaissance wieder aufgegriffen und dem – durch Vernunft überprüften und abgesicherten – Wissen den höchsten Rang im gesellschaftlichen Dasein zugesprochen. Die Französische Revolution verlieh der aufklärerischen Forderung nach Mündigkeit des Individuums politischen Nachdruck, indem sie den feudalistischen Vorrang brach und dem Bürger die Macht zusprach, sein Schicksal in eigene Verantwortung zu übernehmen. Der Faktor „Bildung" spielte bei dieser revolutionären Machtübernahme eine entscheidende Rolle.

Diese Tatsache mag auch Jahrzehnte später den Chef der Wiener Zensurbehörde, den Grafen Sedenitzky, zu dem zynischen Ausspruch bewogen haben, daß sich „ein Volk ... vom Augenblick an, wo es anfange, Bildung in sich aufzunehmen, im ersten Stadium der Revolution befinde". Aber nicht nur dieser hohe Zensor, sondern auch das Volk hatte, aufgerührt durch die Parolen der Französischen Revolution, längst begriffen, daß Bildung eine Macht darstellt, die nicht nur ästhetischen Genuß, sondern auch handfesten politischen Vorteil zu bringen vermag.

Die aufklärerische Bildungsidee, ins Idealistische gewendet, ging von der Annahme aus, daß der zur Mündigkeit aufgerufene Mensch die Aktionen seines Handelns auf die Höherentwicklung der Spezies richte mit dem Ziel, den freien Menschen seiner ihm göttlich vorbestimmten Würde entgegenzuführen. Denn die Ablösung der feudalen Gesellschaftsordnung durch eine bürgerliche bedurfte einer Sinngebung, wenn die Zeit nicht revolutionär aus den Fugen geraten und einem anarchischen Nihilismus anheimfallen sollte. Lessings theoretische Schriften, aufklärerischer Idealismus, die klassische Humanität Goethes und Schillers markieren den Weg zu einem neuen Bildungsideal ebenso eindrucksvoll wie Wilhelm von Humboldts Forderung nach einer Reform der Bildungsanstalten.

Schon 1793 hatte Humboldt in einem Entwurf zu einem geplanten Werk über die „Theorie der Bildung des Menschen" formuliert: „Was verlangt man von einer Nation, einem Zeitalter, von dem ganzen Menschengeschlecht, wenn man ihm seine Achtung und seine Bewunderung schenken soll? Man verlangt, daß Bildung, Weisheit und Tugend so mächtig und allgemein verbreitet als möglich unter ihm herrschen, daß es seinen inneren Wert so hoch steigere, daß der Begriff der Menschheit, wenn man ihn von ihm als dem einzigen Beispiel abziehen müßte, einen großen und würdigen Gehalt gewönne."

Ein so hohes Ziel, hineinprojiziert in eine Gesellschaft, die sich politisch nur mühsam zwischen Restauration und Revolution zu entscheiden vermochte und die bereits um das goldene Kalb der kapitalistischen Macht zu tanzen begann, war der Konflikt, der entweder die Liquidation des bürgerlich-humanitären Bildungsideals oder dessen Entartung zur Bildungsheuchelei zur Folge haben mußte. Schon der Brockhaus von 1833, der erstaunlich nüchtern und hellsichtig die Zeichen der Zeit interpretiert, meldete bildungsidealistische Skepsis an, als er unter dem Stichwort „Bildung" vermerkte:

„Die Alten wußten nur von einer Bildung, die sich durch Gymnastik und Musik (Musik im Sinne der Griechen ist die freie Entwicklung der Seelenkräfte durch die den Musen geheiligten Künste und Wissenschaften) vollenden ließ und zu allen Dingen nützlich war. Die Künstlichkeit der neueren Verhältnisse, die unendliche Vervielfältigung der Bedürfnisse und der Mittel, sie zu befriedigen, hat diesen Einen Stamm in hundert Äste gespalten, und der Einzelne bringt es mit aller Mühe nicht dahin, sie wieder zu einem Ganzen in sich zu vereinigen. Denn nicht genug, daß wir es zugleich auf eine geistige, ästhetische und moralische Bildung anlegen, und bald Verstand und Einbildungskraft im Denken und Zusammenstellen des Wahren und Möglichen, bald diese beiden mit dem Gefühl in der Empfindung und Beurtheilung des Schönen, bald Gefühl und Willen in der

Empfindung und Wahl des Guten üben müssen, um unsere Seelenkräfte zu entwickeln: als Schüler der Alten bedürfen wir dazu einer klassischen, als Bewahrer der Literatur einer gelehrten und literarischen Bildung; und wo wäre irgend eine Wissenschaft und Kunst, die nicht zu ihrer Pflege eine eigne, allein auf ihr Gebiet berechnete und den Fleiß eines ganzen Menschenlebens in Beschlag nehmende Bildung erforderte? Ähnliche Ansprüche machen die verschiedenen Stände, Geschäftskreise und Gewerbe der bürgerlichen Gesellschaft; militairische, kameralistische, mercantilische, ökonomische Bildung wird in eigenen Erziehungsanstalten erworben.

So ist unsere Aufmerksamkeit und Kraft in tausend einzelne Zweige der Bildung zertheilt; wie hätten wir Zeit, den Menschen in uns auszubilden, da wir kaum mit dem Bürger fertig werden? Viele fangen es daher gar nicht mehr auf etwas Höheres an, als was der Zwang der Verhältnisse, der National- und Standesgeist aus ihnen macht, und schwer verbergen sie oft die verletzenden Ecken dieser Einseitigkeit hinter dem Scheine von Bildung, den sie als ein zum äußeren Anstande nothwendiges Gesellschaftskleid für die Unterhaltungsstunden anlegen."

Dieses ausführliche Zitat signalisiert eindringlich jene Problematik, der sich nach 1848 die deutsche Nation konfrontiert sah. Volksbildungsvereine schossen aus dem Boden und proklamierten einen Bildungsrausch ungeahnten Ausmaßes. Schillers 100. Geburtstag im Jahr 1859 gab einen ersten Begriff von jener bildungsphiliströsen Ergriffenheit, die sich ganz Deutschlands bemächtigte und unisono ein Preislied höchst fragwürdiger Tonart anstimmte. Wilhelm Raabe beschrieb mit überlegener Ironie in seiner Erzählung „Dräumling" den Schiller-Rummel in einer norddeutschen Kleinstadt stellvertretend für die Schillerfeiern, die „im ganzen deutschen Vaterlande" an diesem Tag mit pathetischen Festreden, Liederkranz-Darbietungen und Denkmalsenthüllungen begangen wurden.

Die humanistische Bildungsidee wurde erniedrigt zu einem Besitztum, dessen Erwerb alle Türen zu öffnen schien zu einem glücklicheren Dasein, und zwar auch im Materiellen. „Wissen ist Macht" und „Bildung macht frei" – das waren die Schlagworte, die wie Posaunenstöße die Mauern zum Einsturz bringen sollten, die eine exklusive Minderheit um die Bildungsgüter aufgerichtet hatte. Aber schon Goethe ahnte, daß der ausbrechende Bildungssturm mit der ursprünglichen, von Humboldt so ideal beschworenen Bildungsidee kaum mehr gemein hatte als die Phraseologie. „Nicht allen Menschen", so schrieb er, „ist es eigentlich um ihre Bildung zu tun, viele wünschen nur so ein Hausmittel zum Wohlbefinden, Rezepte zum Reichtum und zu jeder Art von Glückseligkeit."

Die Materialisierung der Kultur zum Bildungs-Konsumgut, die in der zweiten Hälfte des 19. Jahrhunderts analog zur industriellen Entwicklung und zum Anwachsen des dritten Standes wie eine geistige Seuche um sich griff, kennzeichnet heftiger als jedes andere Phänomen jener Jahrzehnte, wie wenig das Bürgertum nach 1848 fähig war, die politischen und geistigen Probleme seiner Epoche zu meistern. Denn als Äquivalent für die fortschreitende Entfremdung von seiner Arbeit bot und bietet die Kultur dem Menschen nur mäßigen Ersatz: Sie kann ihm den Eintritt in das Paradies kaum erzwingen. Der Pluralismus der geistigen Informationen erschwert, wie ebenfalls der Brockhaus von 1833 feststellt, zunehmend die Orientierung des bildungswilligen Individuums und schafft jenen Zustand barbarischen Halbwissens, den Nietzsche als das Ende der Kultur anprangert.

In diesem Sinn repräsentiert zum Beispiel ein Mann wie der geniale Verleger Anton Philipp Reclam Glanz und Elend der bürgerlichen Epoche im 19. Jahrhundert: In der Jugend als Bildungsrevolutionär aufgebrochen, mutierte er im Alter zum Bildungs-Unternehmer, dessen fruchtbares Wirken nicht darüber hinwegtäuschen kann, daß er jenen bitteren Zwiespalt zwischen Geist und Kommerz, der seither in zunehmendem Maße die Verlegerarbeit kennzeichnet und verdächtig macht, als erster Großverleger einer neuen Ära repräsentiert und demonstriert.

Er hat aus diesem Zwiespalt, der ihm selbst kaum zum Bewußtsein gekommen sein dürfte, das Beste gemacht und damit seinen verlegerischen Nachfahren einen immerhin passablen Weg zum seriösen Kompromiß zwischen Kultur und Geschäft gewiesen. Anton Philipp Reclam zog nicht nur, wie Annemarie Meiner in einer Monographie des Hauses Reclam schrieb, „aus dem Urheberrecht von 1867 die stärksten Folgerungen", sondern er bekannte sich auch am entschiedensten zu dem Prinzip des Bildungspluralismus, dem das späte 19. Jahrhundert huldigte. Erfüllt vom Erfolg seiner verlegerischen Idee, vollstreckte er mit jenen kleinen Heftchen zu zwei Silbergroschen den Willen des Zeitgeistes; „sein sozialer Idealismus hatte sich als geschäftsklug erwiesen" (Thomas Mann).

Heute, mehr als hundert Jahre nach der Gründung von Reclams „Universalbibliothek", aus der viele Generationen ihr erstes Wissen schöpften, die erste Begegnung mit der Weltliteratur erfuhren – heute, an der Schwelle eines Zeitalters der totalen Demokratisierung der Kultur und der totalen Information, ahnen wir, daß jener machtvolle Aufbruch zum Born der Bildung, zu dem Reclam die verlegerische Fanfare blies, Probleme vor den Nachgeborenen auftürmt, an denen sie zu ersticken drohen. Denn längst enthüllt die pluralistische Bildungsinformation, die noch immer vom Humboldtschen Idealismus ihre Legitimation erheischt, ein Medusenantlitz; ihm hält nur stand, wer von der Kultur mehr erwartet als „eine rasche Bildung, um schnell ein geldverdienendes Wesen werden zu können" (Nietzsche).

Anton Philipp Reclam, der Erfinder der Großauflagen für die Massen, der Urvater des modernen Großverlags und der pluralistischen Taschenbuchprogramme – Reclam, der bedeutende Kaufmann und Vorkämpfer des Sozialismus auch im geistigen Bereich, der Revolutionär und Bürger ist für seine Epoche eine ähnliche Schlüsselfigur wie Gutenberg für die Frührenaissance: Indem diese Männer die Tür zum kommunikativen Fortschritt aufstießen, knüpften sie bereits die Schicksalsfäden für die kommenden Generationen. Immerhin sprach Nietzsche nur wenige Jahre nach dem Erscheinen der Universalbibliothek die Erkenntnis aus, daß Kultur „vor allem Einheit des künstlerischen Stiles in allen Lebensäußerungen eines Volkes" sei. „Vieles Wissen und Gelernthaben ist aber weder ein notwendiges Mittel der Kultur, noch ein Zeichen derselben und verträgt sich nötigenfalls mit dem Gegensatze der Kultur, der Barbarei; das heißt: der Stillosigkeit oder dem chaotischen Durcheinander der Stile."

Diese Stillosigkeit als spätbürgerliches Erbe ist das Problem, mit dem wir uns auseinandersetzen müssen, wenn die totale Information nicht zur totalen Anarchie entarten soll.

20

Im Bann der Hybris

Anmerkungen zur Fortschrittseuphorie

Von den zahlreichen Etiketten, die flinke Formulierer unserer Epoche aufpappen, trifft zweifellos das am ehesten zu, das das 20. Jahrhundert unter dem Primat der Wissenschaft begreift. Ob Mondflüge oder Kernspaltung, ob Denkmaschinen oder Vollmotorisierung – hinter allen Errungenschaften des technisch-zivilisatorischen Fortschritts verbirgt sich als Antrieb ein wissenschaftlicher Erkenntnis- und Definitionsdrang, der diktatorisch gesellschaftlichen Vorrang fordert. „Wissenschaft" ist das magische Zauberwort, das wie ein Triumphbogen die siebziger Jahre überwölbt, den Weg weisend zu angeblich glücklicheren Zeiten der Menschheit. Kein Bereich des menschlichen Daseins bleibt dem Zugriff der Wissenschaft entzogen: die Künste ringen im Würgegriff scharfsinniger Form- und Struktur-Analysen nach Luft, die Religion liegt auf dem Seziertisch, und die Gesellschaft selbst wird mit klinischer Akkuratesse abgehorcht und abgeklopft nach allen rationalen Regeln empirischer und dialektischer Kritik. Eine Springflut von Information überrollt die Zeitgenossen und zwingt sie in einen Informationsrausch nie erlebten Ausmaßes: längst nicht mehr Herr der eigenen Gedanken, füttern sie die Computer randvoll mit Daten und Fakten, hoffend, daß die Maschinen klärend eingreifen und den Fortschritt weit über menschliches Denkvermögen hinaus beschleunigen. Gewiß: diese Entwicklung erscheint konsequent angesichts einer hochdifferenzierten, künstlich geschaffenen Umwelt, in der sich der Mensch nur dann als Spezies behaupten kann, sofern er sie immer entschiedener zu vervollkommnen trachtet. Zugleich aber droht ihm, je energischer er sich der Hybris technischner Verabsolutierung ausliefert, biologische Gefahr. Ereignet sich hier doch ein Fall, der in der Erdgeschichte vergleichslos sich darbietet: mit Hilfe der Computer nämlich vollzieht der homo sapiens intellektuell-willentlich eine Mutation, die vom Organismus nicht mitvollzogen wird und auch nicht mitvollzogen werden kann. Denn biologische Mutationen brauchen Zeit; sie müssen durch Widerstände herausgefordert werden. Bedenkt man die Evolution der Menschheit, die rund 10 Millionen Jahre benötigte, um aus dem Tier-Mensch-Übergangsfeld bis zur frühkulturellen Phase vorzudringen, dann wird die Rasanz offenbar, mit der in den letzten zweihundert Jahren die Wissenschaft biologische Gegebenheiten überholte, ja: überspielte. Gewiß, viele Anzeichen deuten darauf hin, daß die Wissenschaft auch diesem langzeitlichen Mutations-Dilemma beizukommen gewillt ist. Zug um Zug entschlüsselt sie den genetischen Code, der unsere Erbanlagen programmiert und hütet, und es ist sicher nur eine Frage der Zeit, bis ihr künstliche Erbveränderungen gelingen, die den Menschen genetisch an den Fortschritt seiner selbstgeschaffenen Technik anpassen. Dieser Mensch aber wird für Katastrophen nicht minder anfällig sein als die Saurier angesichts der hereinbrechenden Eiszeit anfällig gewesen waren. Nur bedarf es dann noch nicht einmal einer Eiszeit, also einer natürlichen Umweltveränderung, um das nicht mehr naturbezogene Wesen Mensch zum Aussterben zu verdammen. Es genügt vergleichsweise nur etwas Sand im technischen Getriebe, um die künstlich mutierte Krone der Schöpfung planetarisch zu liquidieren – ganz abgesehen davon, daß dieser genetisch manipulierte Mensch wohl kaum mehr den Namen Mensch verdienen dürfte.

Nein, freundliche Zeiten sind das offenbar nicht, die uns der Eintritt ins letzte Drittel des Jahrhunderts signalisiert. Allerdings setzt sich, wer diese Signale zu erkennen glaubt, dem Vorwurf des Kulturpessimismus aus – und dieser Vorwurf schließt sogleich die gesellschaftliche Denunziation ein. Wer angesichts so berauschender Fortschritte des Optimismus enträt, muß folgerichtig ein Wissenschaftsfeind und unverbesserlicher Reaktionär sein, der biedermeierliche Innerlichkeits-Ideologie dem wissenschaftlichen Befreiungsprozeß der Gesellschaft entgegenstemmt. Prompt wird er als repressiver Künder einer „heilen Welt“ an den Pranger der öffentlichen Meinung gestellt und mit Hilfe klischierter Vorurteile und Argumente abqualifiziert. Indessen wächst das nur zaghaft eingestandene Unbehagen der Zeitgenossen an einem Weltbild, dem sie sich nicht mehr gewachsen fühlen, weil es sich immer nachdrücklicher ihrer Vorstellungskraft entzieht. Obwohl reichlich informiert, nehmen sie Zuflucht zu archäologischen Ammenmärchen, die ihnen von Weltraumbesuchen in mehr oder minder grauer Vorzeit erzählen und die mit geradezu entwaffnender Naivität alle Fakten über den Haufen stoßen, die von der hochgepriesenen Wissenschaft beweiskräftig erarbeitet wurden.

Angesichts derartiger Hakenschläge des Zeitbewußtseins scheint kritische Distanz, gewonnen aus sachlicher Beurteilung anthropologischer Fakten, eher einen Beweis zu liefern für illusionslos sachliche Empirie als für einen sentimental-überhauchten Kulturpessimismus seligen Angedenkens. Daß die Welt nicht heil ist und auch nie heil war, das wußten die großen Geister der Menschheitsgeschichte nicht minder radikal als die Mini-Aufklärer unserer Tage. Selbst die christliche Lehre konnte in zweitausend Jahren aus dem heillosen Menschengeschlecht keine erleuchtete und mündige Gesellschaft machen; Karl Marx und seine spätgeborenen Jünger werden an dieser selbstgestellten Aufgabe noch kläglicher scheitern, weil sie an die Stelle der christlichen Dialektik des Herzens die Dialektik des Hirns zu setzen versuchen. Ein intellektueller, durch Wissenschaft geprägter Sozialismus ist ein unmenschliches Abstraktum, das nur durch Zwang aus dem Status der Utopie in praktikable Realität übersetzt werden kann. Ein Blick hinter den Eisernen Vorhang genügt, um zu erkennen, wie eine marxistisch konstruierte „heile Welt“ beschaffen ist. Darüber hinaus spricht die Unduldsamkeit der sozialistischen Theoretiker gegen nicht konforme Meinungen eine mehr als beredte Sprache.

Die Frontstellung gegen den Intellektual-Sozialismus bedeutet keineswegs ein Ja zu den bestehenden gesellschaftlichen Systemen und ihren pathologischen Zügen. Sie verweist lediglich auf die Möglichkeit einer Alternative, die weniger wissenschaftssüchtig und mehr menschenfreundlich und menschengläubig erscheint.

Diese Alternative ist von repressiver Innerlichkeit ebenso weit entfernt wie von materialistischer Heilserwartung, und sie verschließt auch keineswegs die Augen vor der menschlichen Fragwürdigkeit. Aber sie hängt, wenn auch in anderer Weise als Ernst Bloch, dem Prinzip Hoffnung an, dergestalt, daß sie glaubt, dem homo sapiens wenigstens in Augenblicken der Einsicht zeigen zu können, wozu er fähig wäre, wenn er mit sich selbst einigermaßen ins Reine käme und sich der Kräfte (im tiefsten Sinn des Wortes) er-innerte, die in ihm schlummern.

Denn nicht die beziehungslose Hirn-Akrobatik, sondern Lauterkeit des Denkens, Einfachheit und Größe der Empfindungen sowie der bedingungslose Wille zur Wahrheit sind die Grundelemente, die seit den frühen Tagen der griechischen Tragödie unverändert die Menschheit bewegen und zur Selbstbesinnung führen. Katharsis, in diesem Sinn innerer Reinigung und Entlastung verstanden als Appell zu mitmenschlichem Verständnis und zur Überwindung irdischer Verstrickung – Katharsis, so begriffen und erlebt, hat wenig zu tun mit Verschleierung gesellschaftlicher Machtverhältnisse. Solche Besinnung aktiviert vielmehr die Menschlichkeit; sie erweckt im Menschen soziale Regungen ganz unmittelbarer Art, und zwar jenseits von intellektuellem Sozial-Kalkül und wissenschaftlicher Fortschritts-Hybris.

Es ist allerdings kaum zu erwarten, daß der Eiseshauch der Abstraktion, den das wissenschaftliche Zeitalter über die menschliche Landschaft bläst, diese mitmenschlichen Beziehungen fördert. Je komfortabler die Welt eingerichtet erscheint, um so unwohnlicher wird sie. Von Reizen überflutet, von Informationen berannt und zum Bedürfnisträger heruntermanipuliert, seiner Sinne kaum mehr mächtig, aber zum Denken aufgerufen, für mündig erklärt, aber dennoch irrational ausbrechend, stolz und zutiefst deprimiert, taumelnd zwischen Aggression und Psychiater, von Gott verlassen und Zuflucht suchend im Materiellen – so wankt der homo sapiens durch die siebziger Jahre des wissenschaftlichen Zeitalters, umtost vom Umsatz-Halleluja und geleitet von einem Stern, der über Computern leuchtet.

Seit im sechsten vorchristlichen Jahrhundert die griechischen Naturphilosophen mit der wissenschaftlichen Ergründung der Welt begannen und damit den Menschengeist aufriefen zum

Forschen – seit jenen frühen, weltzeitlich jedoch bereits späten Tagen bewegt sich der Mensch in einem ebenso produktiven wie gefährlichen Spannungsfeld zwischen Denken und Fühlen. Immer wieder drohen die geistigen Aufschwünge die dynamische Polarität dieses Spannungsfeldes zu stören oder gar aufzuheben. Der Mensch aber kann sich nur behaupten, wenn er seinen geistigen Leistungen auch emotionell gewachsen ist; denn noch immer regieren, wie in Urzeiten, die Sinne den Körper. Es wäre höchst töricht, dieses Primat der Sinne durch Maschinen kybernetisch überlisten zu wollen. Die Wissenschaft, diese bewunderungswürdige Leistung des Menschengeistes, begibt sich durch ihren totalen Herrschaftsanspruch im Verein mit der totalen Politisierung der menschlichen Gesellschaft auf einen Weg, der zur Inhumanität und Diktatur führen muß. Jeder Totalitätsanspruch aber zerstört das freie Spiel der Kräfte und ruft die Hybris auf den Plan. Man kann es nicht oft genug sagen: wer glaubt, die heillose Welt durch Wissenschaft und soziale Theorien allein heilen zu können, der gibt sich kaum einer geringeren Illusion hin als die metaphysischen Augenverdreher: beide machen sich etwas vor. Die Menschheit kann nicht geheilt, aber sie kann gelegentlich getröstet werden. Geht sie auch dieser Tröstungen verlustig, so bleibt ihr nichts mehr, was das irdische Dasein erträglich erscheinen läßt – trotz gewaltiger technischer Fortschritte. Dann gilt das großartige Hölderlin-Wort nur in seiner negativen Verkehrung, die besagen muß: Wo Gefahr ist, wächst das Rettende kaum …

21

Wer schützt die Innenwelt?

Zum Problem des Umweltschutzes

Nicht erst seit gestern dürfte sich herumgesprochen haben, daß die Umwelt des Menschen tödlich bedroht ist; an Informationen über diese Gefahr war jedenfalls in den vergangenen Jahrzehnten kein Mangel. Aber seit gestern ist das Thema Umweltforschung plötzlich publizistische Mode geworden; entsprechend prompt verdrehen die Troubadoure der öffentlichen Meinung, die vorgestern noch für den uneingeschränkten Fortschritt ins massenmediale Horn stießen, scheinheilig die erstaunten Unschuldsaugen und destillieren Empörungszeile um Empörungszeile aus den Abgasen und Abwässern der Zivilisation. Und kaum verkündet Carl Friedrich von Weizsäcker, daß der ewige Friede durch atomare Gleichgewichte keineswegs gesichert sei, so gellen ebenfalls die Aufschreie des Entsetzens durch die Schlagzeilen, als habe vorher nie jemand Ähnliches geahnt oder gewußt. Oder sollten die Hüter des öffentlichen Gewissens bisher tatsächlich ernsthaft geglaubt haben, es genüge, den Kopf bis über die Ohren in den Sand zu stecken, um durch derart kindliche Ignoranz dem nuklearen „Halali" der Zukunft zu entgehen? Soviel Naivität sich vorzustellen dürfte vielleicht auch denen schwerfallen, die noch immer dem Wahrheitsgehalt schwarzweißbedruckten Papiers unterschiedslos zu vertrauen bereit sind. Denn seit den Vorwehen der industriellen Revolution (und das ist immerhin schon zweihundert Jahre her!) stehen die Bedrohung und die mögliche Selbstzerstörung des Menschen durch die Hybris des technischen Fortschritts auf der Tagesordnung geistiger und sozialer Auseinandersetzungen. Allerdings wurden die Warner nur allzuoft als reaktionäre, weltfremde Käuze verlacht oder sogar als irrationale Weltuntergangs-Apostel politisch angeschwärzt. Schien doch die neue Ära der Größe menschlichen Erfindergeistes nicht nur ein überragendes Zeugnis auszustellen, sondern auch eine Zukunft ungetrübten materiellen Glücks zu verheißen. Wie es um dieses Glück im Zeichen des Maschinenzeitalters bereits um die Mitte des 19. Jahrhunderts bestellt war, kann in beklemmenden Einzelheiten bei Marx und Engels, aber auch bei anderen sozialistischen Schriftstellern nachgelesen werden: eine Verelendung weiter Volksschichten zugunsten einer relativ kleinen Zahl Begünstigter setzte ein, wie sie vorher selbst in den dunkelsten Sklavenzeiten der Antike noch nicht erlebt worden war. Diese moderne Sklaverei blieb, obwohl durch soziale Moderation inzwischen materiell gemildert und durch Freizeitgewährung und andere soziale Hilfen humaner gestimmt, bis auf den heutigen Tag erhalten. Der industrielle Produktionszwang, auf weltwirtschaftlichen Güter- und Devisenaustausch abgestimmt, kommuniziert nämlich unmittelbar mit dem sozialen Wohlstand, der sich hinwiederum auf die zusammengeballte Arbeitskraft der Massen gründet: nur dadurch, daß die Massen sklavenähnliche Lohnarbeit verrichten, garantieren sie ihre eigenen Lebensbedingungen, die sie durch ihr Konsumverhalten kurzfristig wieder vernichten. So erinnern sie an Vulcanus, der seine eigenen Kinder verschlingt.

Die zunehmende Ausbeutung des Menschen zum Zweck unablässiger Produktion und zugleich die rücksichtslose Plünderung aller planetaren Rohstoff- und Ernährungsquellen erweist sich als die notwendige Folge dieses materialistischen circulus vitiosus, aus dem es kein Entrinnen gibt, solange sich nicht eine grundsätzliche Änderung menschlichen Selbst- und Weltverständnisses abzeichnet. Insofern müssen auch alle Versuche, durch partielle Eingriffe und Korrekturen die Verseuchung und Zerstörung der menschlichen Umwelt aufzuhalten, Stückwerk bleiben, weil sie die Ursachen dieser Misere entweder ignorieren oder als ohnehin irreparabel ausklammern. Anstatt die gebrochenen Dämme zu flicken, um den Überschwemmungsfluten zu wehren, werden mit rührendem Sisyphus-Fleiß unermüdlich die vollaufenden Keller ausgepumpt ...

Der Ruf nach dem Schutz der Umwelt, unterstützt durch alarmierende Gift-Statistiken, unsere Atemluft betreffend, – dieser Ruf kann nur dann einen praktischen Widerhall finden, wenn ihm der Ruf nach dem Schutz der menschlichen Innenwelt korrespondiert. Denn nicht nur die verpestete Atemluft und die infizierten Lebensmittel bedrohen unsere Existenz, sondern entschiedener noch zerstört die unablässig fortschreitende Vergiftung der menschlichen Seele sowohl den geistigen Rang als auch den physischen Bestand der Spezies.

Gewiß: wir sind jenen Zeiten entwachsen, in denen die Seele als eine metaphysisch-imaginäre Größe begriffen und gehegt wurde. Die Erkenntnisse der Naturwissenschaft, insbesondere der Bio-Kybernetik, haben inzwischen ein nüchterneres Verhältnis zu diesem Begriff und dessen Inhalt hergestellt. Seelische Vorgänge und Verhaltensweisen können heute, als Auswirkungen elektrischer und chemischer Reaktionen in den Schalt- und Relaisstationen des Hirns und des Nervensystems, immerhin mit soviel wissenschaftlicher Sicherheit definiert werden, daß die Vorstellung einer vom Körper losgelösten, ja: ihm dualistisch zugeordneten Seele nicht mehr vertretbar erscheint. Dennoch verbietet sich aus dieser Einsicht der voreilige Schluß, daß der menschlichen Seele unter diesen sachlichen Voraussetzungen im Zusammenhang mit allen übrigen Körperfunktionen nur noch eine physisch-kybernetische Bedeutung als eines koordinierenden Steuerungssystems zukomme. Vielmehr schafft das „Schaltwerk der Seele" erst die Einheit des Körpers und hält sie in einem ständigen Prozeß von Information und Reaktion aufrecht. Die Wissenschaft spricht in diesem Zusammenhang von einem „labilen Gleichgewicht" – im Gegensatz zum „stabilen Gleichgewicht", das keinem Prozeß unterliegt. Indem nun der unablässige seelische Schaltprozeß Funktion und Bestand des Körpers als individuelle Einheit garantiert, verwertet er ebenso unablässig Informationen, die dem Schaltzentrum von der Außenwelt signalisiert werden: es nimmt sie mit Hilfe der Sinnesorgane wahr, und zwar im schlichtesten Sinn des Wortes, der besagt: etwas für wahr, also unangezweifelt hinnehmen. Für die Wahrnehmungsapparatur ist zunächst alles Wahrgenommene schlechthin wahr; sie registriert sozusagen nur die dinglichen Eindrücke, ohne über deren Wert oder Unwert, über deren Richtigkeit oder Unrichtigkeit zu befinden. Erst das Hirn wertet aus, vergleicht, stößt ab, fragt im Speicherzentrum der Erinnerung rück oder schlägt Alarm – mit anderen Worten: hier wird ausgewertet, hier wird der Information ein ganz spezifischer Wert beigemessen und von hier wird dieser Wert in den Prozeß eingegeben, der das labile Gleichgewicht (oder mehr philosophisch ausgedrückt: die Existenz) des Individuums ununterbrochen neu schafft.

Diese komplizierten, hier nur grob schematisiert angedeuteten Vorgänge mögen erkennen lassen, daß die sogenannten seelischen Vorgänge nicht nur eng mit der „geistigen Verarbeitung" von Wahrnehmungen zusammenhängen, sondern auch einzig und allein das prägen, was man die „Persönlichkeit" oder auch das „Wesen" eines Individuums nennt. Ebenso deutlich dürfte die Tatsache hervorgetreten sein, daß die Signale der Umwelt für diese Prägung eine kaum zu unterschätzende Rolle spielen.

Eine der wichtigsten Voraussetzungen für die Umwertung von Umweltsignalen zu fördernden Faktoren der Persönlichkeitsprägung ist deren Bewältigung, und das heißt: deren möglichst ungestörte Verarbeitung im Schaltsystem des Gehirns. Da es sich bei dieser Verarbeitung um einen Prozeß handelt, wird Zeit benötigt, und zwar menschliche Zeit. Schon der große Naturforscher Karl Ernst von Baer vermutete in der zweiten Hälfte des vorigen Jahrhunderts, daß jedem Lebewesen ein eigenes Zeitgefühl, ein eigener zeitlicher Rhythmus innewohne, der sein Verhalten bestimme. Dieses Zeitgefühl ist genau auf die Lebensbedingungen der jeweiligen Spezies abgestimmt. Auch die Menschenzeit korrespondiert mit den menschlichen Körperfunktionen und grenzt entsprechend die Erlebnisfähigkeit ein. Bis in das 18. Jahrhundert hinein waren Umwelt und Erlebnisfähigkeit des Menschen noch leidlich miteinander im Einklang. Mit der industriellen Revolution jedoch schlidderte der zivilisierte Mensch in ein immer stärker zutagetretendes Mißverhältnis zwischen seiner zeitrhythmischen Erlebnisfähigkeit und der zeitlichen Beschleunigung seiner selbstgeschaffenen, die natürliche durch eine künstliche Wirklichkeit verdrängenden Umwelt. Nicht nur die Fülle der wahrzunehmenden Informationen nahm zu, sondern auch deren zeitliche Aufeinanderfolge begann eher einem Informationstrommelfeuer als Wahrnehmungssignalen zu gleichen. Infolgedessen konnte die Wirklichkeit nicht mehr sinnvoll, das heißt in seelenrhythmischen Zeiteinheiten erfaßt und bewältigt werden. Die Souveränität des Menschen vor der Wirklichkeit schwand, und er fühlte sich zunehmend verunsichert und verfremdet und wurde Manipulationen zugänglicher denn je. Er begann, mit Recht, an der Wahrheit des Wahrgenommenen zu zweifeln und zu verzweifeln; eine allmählich einsetzende seelische Verkümmerung war schließlich der Grund dafür, daß der industrielle Mensch nur noch an die Zuständigkeit des rein materiellen Besitzes als einer zeitlich greifbaren Realität zu glauben vermochte. Nicht von ungefähr haben die bildenden Künstler, auf die optische Erfassung der Wirklichkeit angewiesen, als erste fast seismographisch auf die Veränderung der menschlichen Erlebniswelt reagiert: ihre Zweifel setzten sie in Abstraktionen um, die von der Wiedergabe des Wahrgenommenen absahen, um eine neue Wirklichkeit geistig-seelischer Phantasie zu stiften. Die Primitivität heutiger Pop-Kunst, die aus der Comic-Irrealität moderner Bildermärchen die schockierende Konsequenz zieht, zeigt an, welchen bitteren seelischen Entleerungsprozeß die Künstler inzwischen bis zur Umwelt-Katastrophe der siebziger Jahre durchschrittten haben, ohne daß die Warnzeichen ihrer Evokation von der materiell besessenen Sozietät verstanden oder auch nur registriert wurden.

Wenn also von Umweltschutz im Zusammenhang mit der unmittelbaren physischen Bedrohung des Menschen gesprochen wird, so sollten sich die Verantwortlichen nicht damit begnügen, die Atmosphäre und die Gewässer zu entgiften, um den Menschen vor sich selbst zu schützen, sondern sie sollten danach trachten, ihm wieder das Vertrauen in sein Zeitgefühl und damit in seine seelischen Widerstandskräfte und schöpferischen Fähigkeiten zurückzugeben, indem sie der Hybris eines ziellosen technischen Fortschritts entgegenwirken nicht durch eine Sinngebung des Sinnlosen, sondern durch Widerspruch gegen das Sinnlose. Denn was nutzen zum Beispiel Überschall-Jets und transplanetarische Geschäftsreisen, wenn dadurch Zeit nicht gewonnen, sondern nur noch hektischer und unmenschlicher vorangepeitscht wird. Solange die modernen Arbeitssklaven an immer schnellere Fließbänder und unmenschliche Automaten gekettet sind und den sonntäglichen Autobahn-Weihrauch des 20. Jahrhunderts nebst Massenabfütterung in überfüllten Lokalen als der Freiheit höchsten Ausdruck genießen; solange sie noch der skrupellosen Vergnügungsindustrie ebenso willig und kritiklos aufsitzen wie den Rattenfängern der öffentlichen Meinung, und solange sie noch durch einen magischen Konsumzwang an dem Zusammenbruch der Umwelt mitwirken, die sie zu erhalten wünschen – solange werden die idealistischen Sprüche von Mündigkeit und Selbstverwirklichung des Individuums den unausweichlichen Selbstmord der Sozietät kaum aufhalten.

Hier stellt sich vielmehr eine aufklärerische Aufgabe noch nie dagewesenen Ausmaßes, die nur durch den unbedingten und rücksichtlosen Willen zur Wahrheit aller Einsichtigen gegenüber der Gesellschaft gelöst werden kann. Denn Einsichtige gibt es genug – in der Wissenschaft, in der Politik, in der Kunst, ja: sogar in der Industrie. Aber aus Feigheit, aus Bequemlichkeit, aus kleinlichen Rücksichten schweigen sie oder belügen sich selbst, indem sie sich bei dem Gedanken beruhigen, vielleicht renke sich alles wieder von selbst ein. Aber hier wird sich nichts einrenken, sondern hier bereitet sich die Menschheit ihren Untergang, wenn sie nicht handelt – und das heißt: wenn sie nicht rigoros bereit ist, auch den härtesten Wahrheiten ins Gesicht zu sehen, und den Mut aufbringt, auf die Scheinbequemlichkeit einer sinnlos kapitalistischen Zivilisation zu verzichten. Dieser Verzicht jedenfalls würde mehr freiheitliche Gesinnung und soziales Bewußtsein verraten als die Chimäre einer schrankenlosen Verwirklichung des Individuums, die so gespenstisch durch die Hirne manchen pubertären Parteijungvolks bundesdeutscher Provenienz geistert. Die Weltstunde der Menschheit zeigt bereits dreißig Minuten nach zwölf. Angesichts dieser fatalen Erkenntnis sollten wir endlich dazu übergehen, unseren Denkapparat, anstatt ihn durch ideologische Phantastereien zu strapazieren, zu dem einzigen Geschäft zu benutzen, das jetzt allein diskutabel erscheint, nämlich: uns zu retten!

22

Bestseller aller Länder vereinigt euch!

Plädoyer für Opas Buchhandel

Opas Kino ist tot. Opas Theater ist tot. Opas Moral ist tot. Opas Kirche ist tot. Kurzum: alles, was Opa hehr, teuer oder auch nur vergnüglich war, hat, nach Meinung der öffentlichen Gralshüter des Fortschritts, bereits das Zeitliche gesegnet oder liegt doch zumindest in der Agonie – wie zum Beispiel Opas Buchhandel. Allerdings erweist sich dieser als ein besonders zäher Patient des spätbürgerlichen Siechenhauses: er will und will nicht dahinscheiden, so heftig man ihn auch mit lähmenden Injektionen traktiert. Entsprechend groß ist das Interesse, das die Verächter des Buchhandels für diesen Fall aufbringen. Sogar branchenbezogene Pressedienste und Zeitschriften entsprossen dem lockeren Humus der Krisengerüchte und veröffentlichen nun unablässig sensationelle Bulletins über den Kreislauf eines Berufsstandes, der bisher eher in den Randzonen des gesellschaftlichen Bewußtseins pulste. Die Feuilletons fühlen sich ebenfalls ermuntert, in den Klatsch und Tratsch des Buchmarktes einzustimmen und ihn, ausgeschmückt mit Ausrufe- und mit Fragezeichen, genüßlich zu kolportieren. Auch fehlt es nicht an guten Ratschlägen und an Quacksalber-Angeboten, die dem betagten Gewerbe wenigstens vorübergehend wieder auf die wacklig gewordenen Beine helfen sollen.

Die Betroffenen, derart unversehens ins Scheinwerferlicht öffentlicher – teils besorgter, teils hämischer – Neugier gerückt und von Rechercheuren umwimmelt, blinzeln noch ziemlich verwirrt in die Objektive der „Multiplikatoren", und geblendet stolpern sie dabei über die Versatzstücke ihrer altväterlichen Kulissen und bieten den Augen der Gaffer einen erheiternden Anblick.

Am meisten lacht neuerdings über derart tragikomische Unbeholfenheit Lieschen Müller. Revolutionär aktiviert und postmarxistisch radebrechend, hat es diese Dame nämlich verstanden, sich aus der Buhrolle der Nation hinauszustehlen und als fortschrittsbewußter Bürgerschreck wiederzukehren. Wie alle Konvertiten entfaltet sie nunmehr besonderen Eifer bei der Hexenjagd auf Opas kulturelle Kramläden und tanzt, kokett geschürzt, um das Goldene Kalb der multimedialen Verheißung als Symbol einer herrschaftsfreien Zukunft. In der Pose einer Hintertreppen-Kassandra entlarvt sie auch den traditionellen Buchhandel als „mittelalterlich", wobei sie nicht versäumt, Assoziationen an Folterkammern, dunkle Verliese und Hexenverbrennungen anklingen zu lassen, um den Begriff „Mittelalter" unmißverständlich als „dunkel" und „rückständig" zu klischieren. Aber solche Polemik aus dem fortschrittlichen Häkeltäschchen wird weder dem Mittelalter noch dem Buchhandel gerecht. Denn schließlich strauchelt dieser nicht etwa nur aus selbstverschuldeter Unsicherheit oder Schwäche, sondern weil ihm zu einem guten Teil auch die Torheit einer nur scheinbar mündigen Gesellschaft den sicheren Stand raubt. Ist der Buchhandel doch immer noch besser als sein mittelalterlicher Ruf – womit allerdings nicht gesagt werden soll, daß er der beste und (im praktischen Sinn) modernste Buchhandel sei, den man sich vorstellen könne.

Um so dringlicher scheint es geboten, einmal darauf hinzuweisen, was wir zu verlieren drohen, wenn der als „traditionell" apostrophierte Buchhandel seine Widerstandskraft und damit auch seine Wirkungskraft einbüßt, um unsanft zu verbleichen. Wir verlieren dann nämlich genau das, wozu wir uns immer wieder mit rhetorischem Eifer bekennen: die Freiheit geistiger Entscheidung. Das mag pathetisch klingen, aber es ist trotzdem wahr. Denn der gegenwärtige Buchvertrieb in seiner pluralistischen Ausfächerung garantiert nicht nur ein Höchstmaß von Verbreitungsmöglichkeiten sogenannter geistiger Güter (oder Waren) jeglicher Herkunft und jeglichen Ranges, sondern er bietet dem einzelnen Interessenten auch eine höchstmögliche Vielfalt von Information, vor der sich sein kritisches Bewußtsein (das heute so viel berufene) bewähren kann und entscheiden muß. Manipulation wird durch solchen einzelhändlerischen Pluralismus des Vertriebsnetzes weitgehend ausgeschlossen, denn die Individualität eines jeden Buchhändlers verschafft auch dem kleinen, dem progressiven oder dem esoterischen Verlag noch eine Chance, wenigstens einen Teil seiner Produktion an den richtigen Mann (sprich: den richtigen, ihm wohlgesonnenen Buchhändler und damit auch an einen entsprechenden Leserkreis) zu bringen. Wird diese buchhändlerische Individualität, die zuweilen durchaus in unkaufmännische, ja: selbstmörderische Eigenbrötelei ausarten kann, aufgehoben zugunsten eines ökonomisch vielleicht (oder sogar wahrscheinlich) rentableren Einheitsladens, einer Art buchhändlerischen Warenhauses, vielleicht sogar auf Konsum-Genossenschafts-Basis, so muß damit notgedrungen auch eine Einebnung des Angebotes – und das heißt: eine energische Einschränkung der Bücher-Vielfalt – erfolgen. Angesichts der alljährlich auf die lesenden Zeitgenossen niederdonnernden Buchlawine mag diese Forderung nach ökonomischer Konzentration zwar erleichternd anmuten. Aber die anvisierten Einheits-Kettenläden oder literarischen Supermärkte werden, wenn sie tatsächlich das Ziel größerer wirtschaftlicher Rendite erreichen wollen, entschieden eine rationelle Verminderung der Buchlager, und zwar um jeden Preis, anstreben und damit eine rein kapitalistisch orientierte (aber darum nicht minder gefährliche als die politische) Zensur ausüben müssen – eine Zensur zugunsten eines relativ kleinen, aber gängigen Buchangebots.

Nun weiß jeder, der mit Büchern umgeht, daß die sogenannten gängigen Bücher nicht immer die inhaltlich besten Bücher sind; meist steht die Gängigkeit eines Titels, wie an den Bestseller-Listen durch Lesestichproben leicht überprüft werden kann, im umgekehrten Verhältnis zu dessen literarischem Rang. Zudem werden gerade solche Werke an der internationalen Rechte-Börse hochgehandelt und dementsprechend auch mit hohen Einsätzen auf den Markt geworfen. Durch Werbung, die sich an der Anpreisung eines neuen Waschmittels oder einer neuen Filterzigarette orientiert, wird ein literarischer Konsum-Bedarf geweckt, der sich möglichst nur auf diesen einen Titel (oder doch nur auf möglichst wenige Titel dieser Art) richten soll, um ein attraktives Einspielergebnis zu gewährleisten. Mit Literatur hat dieses Bestseller-Verfahren allerdings meist nur noch insofern zu tun, als es sich bei den angebotenen Objekten auch um bedrucktes Papier handelt.

Gegen die Bestseller-Listen im besonderen und gegen die Titel, die darauf erscheinen, im allgemeinen wäre kaum etwas einzuwenden, wenn sie nicht zum Maßstab literarischen und buchhändlerischen Erfolges schlechthin erhoben würden. Bücher dieser Machart hat es schon immer gegeben, und sie hatten auch schon immer Erfolg, weil sie eine (ob Sachbuch oder Roman) angenehme Unterhaltung ohne den Nachhall der Reflexion versprachen und boten. Und der Buchhändler hat diese Bücher auch stets gern in sein Sortiment aufgenommen, weil sie einen guten, schnell getätigten und rentablen Umsatz versprachen. Aber geschätzt hat er diese Titel meist ebensowenig wie die Kritiker, die sie mit dem Verdikt der Hintertreppenliteratur abtaten. Ansonsten jedoch setzte sich der Buchhändler, je nach Geschmack und geistigen Interessen, für die Werke ein, die ihm selbst näherstanden und für die er auch ein Interesse seines angestammten Kundenkreises voraussetzen durfte. Darüber hinaus widmete er sich dem Besorgungsgeschäft – also der Bestellung von Büchern, die von Kunden gezielt verlangt wurden, aber in seinem Sortiment nicht verfügbar waren. Nach Auskünften aus dem Buchhandel macht dieses Besorgungsgeschäft in Läden mit einem guten Stammpublikum noch immer einen erheblichen Teil des Umsatzes aus –und das heißt: die Buchkunden, die sich nicht durch hochgeputschte Werbung und durch Bestseller-Listen beeinflussen lassen, sondern ihre Buchwünsche kritisch-individuell formulieren, sind nach wie vor erfreulich zahlreich – und vor allem: aus ihnen vornehmlich rekrutiert sich der Kundenstamm einer gut geführten Buchhandlung. Daß der Service, der solchen Buchwünschen antwortet, für den Buchhändler Geld und – was fast auf das gleiche herauskommt – Zeit kostet, und zwar (analog zu den allgemeinen Kostensteigerungen) in zunehmendem Maße, ist längst offenbar. Die Tatsache, daß bei einem Betriebsvergleich deutscher Buchhandlungen nur noch eine Rendite (ein Reingewinn also) von weniger als einem Prozent vom Umsatz errechnet wurde, wird nicht zuletzt diesen Service-Leistungen der Buchbesorgung und der Umständlichkeit des Bestellverkehrs im allgemeinen angelastet.

Kurzsichtig erscheint allerdings der vorschnelle Schluß, daß für solche Verklemmung des Buchhandels dessen eigene Rückständigkeit und dessen Verharren in bürgerlicher Kulturbringerpose verantwortlich sei – und daß somit nur ein rasches kaufmännisches Umdenken auf die prognostizierten Handelsgewohnheiten und Größenordnungen des Jahres 2000 diesen Berufsstand vor dem Verfall und der endgültigen Pleite retten könne. Zum Glück haben einige besonders progressive Strukturrevolutionäre inzwischen Angst vor der eigenen Courage bekommen und ihre kühnen Modelle entweder revidiert oder in den Fundus zurückgestellt, bevor sie noch größere Verwirrung stiften konnten als sie ohnehin schon stifteten. Aber dennoch wird das Krisengerede nicht verstummen und neue futuristische Visionen auf den Plan rufen, die nicht minder unrealistisch, nicht minder geist- und buchfeindlich (und damit auch buchhandelsfremd) sind als die liquidierten Modelle es waren. Denn in Wirklichkeit werden hier unter dem Vorwand fortschrittsgerechter Reformen weitaus weniger gesellschaftsfördernde Konsequenzen als vielmehr total ökonomisierte und kapitalisierte Strukturänderungen des Buchmarktes nach amerikanischem Zuschnitt gefordert, und zwar ohne Rücksicht auf deren „gesellschaftliche Relevanz". Ein derart ökonomisierter Markt muß unter rein kapitalistischen Vorzeichen größten Wert legen auf die Trivialliteratur aller Gebiete (bis hin zur Wissenschaft!), um eine wirtschaftlich attraktive Rendite zu erzielen. Die Verflachung unseres geistigen Lebens, die jetzt schon bedenkliche Formen anzunehmen beginnt, würde schließlich unter dem Primat eines derart geistfernen kapitalistischen Materialismus ein Niveau erreichen, das kaum mehr als solches bezeichnet werden kann ...

Gewiß: Derartige Tendenzen zeichnen sich nie zu Beginn eines neuen Trends in aller Deutlichkeit ab; im Gegenteil: meist sieht es zunächst so aus, als werde sogar eine positive, leistungssteigernde Entwicklung eingeleitet. Deshalb mögen vielleicht diejenigen, die nicht nur aus zeitgeistmodischen Gründen, sondern guten Glaubens grundlegende Struktur-Veränderungen im Buchhandel fordern, annehmen, sie könnten die später auftauchenden Gefällstrecken geschickt bremsend aussteuern. Aber der Druck der heraufbeschworenen ökonomischen Verhältnisse wird auch sie auf die Dauer eines Schlechteren belehren und sie zur bedingungslosen Kapitulation vor dem Moloch zwingen, der unser Jahrhundert so verhängnisvoll beherrscht.

Was wäre zu tun? Die Augen mittelalterlich-gottgefällig zu schließen und die Hände ergeben im Schoß zu falten, ist gewiß keine Verhaltensweise, die sowohl den Buchhändlern als auch den Verlegern in einer solchen Situation frommt. Aber ebensowenig dürfen sie sich durch das publizistische Feldgeschrei widerstreitender und zum Teil sogar sachunkundiger Meinungen dazu verleiten lassen, die Nerven zu verlieren und in einen unheilvollen futuristischen Zugzwang zu geraten. Vielmehr sollten sie sich in wirklichkeitsgerechter Einschätzung der Lage sachliche Gedanken darüber machen, wie sie unter Ausnutzung aller sich anbietenden Möglichkeiten sinnvoller Rationalisierung ihre individuelle, und das heißt: ihre unabhängige, freie Stellung zu Nutz und Frommen der Gesellschaft erhalten können. Von den Verlegern müßte in diesem Zusammenhang gefordert werden, den Produktionsdruck, der oft nur aus kurzsichtigen kalkulatorischen Gründen und nicht etwa aus geistiger Notwendigkeit erzeugt wird, zu mindern, um den Markt sowohl für den Buchhändler als auch für den Buchkäufer wieder durchsichtiger und damit auch wirtschaftlich interessanter zu machen. Wichtiger jedenfalls als die Herausgabe des hundertundfünfzigsten oder fünfhundertsten Kochbuches und ähnlicher Doubletten in Potenz erscheint nach wie vor die gemeinsame Anstrengung aller für das Buch tätigen Handelsstufen, Opas totgesagten Buchhandel wieder zum Leben zu erwecken – damit Lieschen Müller ebenso das Lachen vergeht wie denen, die glauben, mit Kapitaleinsatz allein die geistigen Probleme unserer Tage lösen zu können. Denn eines steht fest: auch im multimedialen Zeitalter wird das Buch seinen Platz und seinen Rang als individuellstes aller Medien behaupten und behalten – und somit auch der Buchhandlung eine für die Zukunft lohnende Aufgabe zuweisen, lohnend sowohl im wirtschaftlichen als auch im geistigen Sinn.

23

Im Narrenschiff des Glücks

Enttäuschte Heilserwartungen

Seit Urzeiten bedrängt die Menschheit die quälende Kernfrage, was menschliches Glück sei und wie es erlangt werden könne. Die bisher verlautbarten Antworten erwiesen sich, sofern sie auf Resignation verzichteten, durchweg als utopisch und damit als unzulänglich. Selbst die großen Religionsstifter wichen dem offenbar unlösbaren Problem irdischen Glücks aus, indem sie die menschlichen Heilserwartungen ins Jenseits projizierten. Sie milderten dadurch zwar teilweise die Enttäuschungen, denen sich der Mensch auf seinem materiellen Lebensgang ausgesetzt sah; aber beseitigen konnten auch sie nicht die bohrende Unzufriedenheit des Individuums mit der Unvollkommenheit des menschlichen Daseins – einer Unvollkommenheit, die der homo sapiens immer wieder als Herausforderung empfindet.

Der Verlauf der menschlichen Geschichte stellt sich dementsprechend als eine bestürzende Chronik aufbegehrender, verzweifelter oder auch nur närrischer Suche nach Glück dar, die, stets hoffnungsvoll aufgenommen, meist in Enttäuschung und Unglück endete. So betrachtet gleichen die mächtigen Beweger der Weltgeschichte dem mythischen Sisyphos: die Felsbrocken des gesellschaftlichen Schicksals, die sie hochstemmen, erreichen die Grathöhe nie, sondern donnern erbarmungslos gleichgültig ins Tal zurück. Je höher sie gewuchtet wurden, desto gewaltiger wuchs die Geröllawine der Einzelschicksale an, die sie bei ihrem Talsturz auslösten und mitrissen. Aber unermüdbar nimmt der Sisyphos der Geschichte, Jahrhundert um Jahrhundert und Generation um Generation, den Kampf gegen die Vergeblichkeit erneut auf. Er mag nicht einsehen, daß ihm, der sich durch seine Intelligenz die Erde hat unterwerfen können, dieser letzte, entscheidende Sieg versagt bleiben soll. Jede Generation, die den Planeten betritt, glaubt, die Erfahrungen und Tatsachen einer zehntausendjährigen menschlichen Historie in den Wind schlagen zu dürfen zugunsten eines Prinzips Hoffnung, das die „Umstrukturierung der Gesellschaft" als Schlüssel zur Bewältigung des menschlichen Kardinalproblems „Glück" anbietet. Der schlichte Kinderglaube, daß, wenn alles anders sei als es ist, auch alles gut sei, feiert in solchem Denken rührende Urständ; daher erscheint es kaum verwunderlich, daß ihm insbesondere die tatengierige und erfahrungsunbelastete Jugend ebenso unbefangen wie unreflektiert huldigt.

Hier bekundet sich ein Zwiespalt, der offensichtlich nicht nur unseres Fleisches, sondern auch unseres Geistes Erbteil ist. Ihm zu entrinnen mag vielleicht dem einen oder anderen Individuum (oft auch nur theoretisch-denkerisch und nur selten existenziell) möglich sein, nicht aber der stets zu neuen Heilsufern drängenden Menschheit. Denn einmal aus der Bescheidenheit tierischer Existenzordnung herausgetreten und zum Selbstbewußtsein erwacht, entwickelt der Mensch in der Gemeinschaft eine neugierig-täterische Dynamik, die seinen natürlichen Status weit überfordert. Blindwütig richtet sich diese entfesselnde Kraft sogar gegen die sozialen Bindungen, die den Bestand der Spezies sichern, und zwar insbesondere in sogenannten friedlichen Zeiten der Ruhe und des Wohlstandes. In solchen Epochen befällt die Sucht nach Veränderung meist nicht die Gemeinschaft insgesamt, sondern vornehmlich deren einzelne Glieder. Sie erzeugt jene Grundstimmung individualistischer Anarchie, wie wir sie heute in der materiellen Wohlstandslandschaft der westlichen Welt beobachten können. Nicht nur bei den Schriftstellern, sondern allenthalben signalisiert sie ein „Ende der Bescheidenheit", das unter Vorspiegelung sozialer Machtkämpfe in Wirklichkeit die egoistische Aufkündigung jeder gesellschaftlichen Ordnung unter Hinweis auf deren repressiven Charakter einleitet. Nichts beweist diese Mentalität eindringlicher als die Tatsache, daß heute der Begriff Ordnung bereits jeden Provinzreporter, der fortschrittlich etwas auf sich hält, auf die publizistischen Barrikaden treibt.

Gemessen an dem Wohlstand, über den sie verfügt, müßte eine Gesellschaft wie zum Beispiel die bundesdeutsche nach herkömmlicher Vorstellung als glücklich gepriesen werden. Daß sie nicht glücklich ist, entnehmen wir bereits beim Frühstück der Morgenzeitung. Demnach muß Glück etwas anderes sein als Besitz von Mittelklassewagen, Spülmaschinen und Farbfernsehern; auch Feriernreisen an Sonnenstrände, der Komsum teurer Schnäpse und der Verzehr von Südfrüchten scheinen ebensowenig Glück zu verschaffen wie die Verrücktheiten der Mode, der Besuch von Terrassen-Cafés oder die Fahrt ins Sonntagsgrüne. Aber wenn dies nicht Glück ist, was ist Glück dann? Die Befürworter der gesellschaftlichen Veränderungen meinen, Glück sei solange kein Glück, solange es noch unterschiedlichen Besitzstand bei Reichen, weniger Reichen und vergleichsweise Armen gäbe. Erst dann, wenn alle Glieder der Gesellschaft gleichermaßen vom Glück, das heißt: vom materiellen Wohlstand begünstigt seien und zu allen Gütern gleichen Zugang hätten, könne von sozialer Gerechtigkeit und damit auch von gesellschaftlichem Glück gesprochen werden. Abgesehen davon, daß hier der Kinderglaube von der Gleichheit der Menschen sozialparodistische Blütenträume auf rosarote Romantiker-Himmel projiziert, wußte schon Heraklit vor immerhin rund zweieinhalbtausend Jahren, daß, bestünde Glückseligkeit in Vergnügungen des Leibes (also im Genuß des Materiellen), „das Rindvieh glücklich zu nennen sei, das Erbsen zu fressen findet". Wer hier, auf solchen menschlichen Erbsenfeldern, das Schein-Glück materiellen Behagens als der Veränderung einzigen Zweck verkündet, gibt deutlich genug zu verstehen, wes Ungeistes wohlgeratenes Kind er ist. Aber ungeachtet derart platter Heilsvorstellungen, bei deren Anhörung sogar Karl Marx nicht erröten, sondern erblassen würde, muß überhaupt gefragt werden, ob solches Glück ein Faktor menschlicher Daseinswirklichkeit oder nur eine fixe Idee des (seine Umwelt konsumierenden) homo sapiens ist. Denn biologisch gesehen gibt es im Bereich des Lebendigen kein Glück im Sinne eines herrschaftsfreien Materialismus; vielmehr steht die Existenz unter dem Gesetz der (vorsokratisch gesprochen) Ananke – der Notwendigkeit, die im Wechsel Dauer verheißt. Diese Notwendigkeit wird markiert durch die unumgänglichen Grenzpforten, die alles Lebendige durchschreiten muß: Geburt und Tod. Was sich zwischen diesen Pforten auf dem kurzen Weg körperlicher Verwirklichung ereignet, ist in seinen Abläufen vorbestimmt: die Chronologie der Lebensalter kann ebensowenig geändert werden, wie die Grundmuster menschlichen Verhaltens durch partielle Ignoranz ausgeschaltet werden können. Gewiß: die Toleranzspannen möglicher Freiheit, die von der Evolution den verschiedenen Arten je nach der Höhe ihrer organischen Struktur eingeräumt wurden, sind innerhalb der naturgesetzlichen Notwendigkeiten groß, und sie sind beim Menschen sogar bis an die Grenzen selbstmörderischer Überheblichkeit ausgedehnt; aber einen Ausbruch lassen sie dennoch nicht zu. Nach wie vor muß zum Beispiel auch der Mensch als Voraussetzung seiner Daseins-Sicherung noch genauso für den täglichen Nahrungserwerb sorgen wie seine tierischen Vorfahren. Die Tatsache, daß dies heute weitaus komplizierter geschieht als vor hunderttausend Jahren, kennzeichnet nur einen graduellen, keinen prinzipiellen Unterschied. Ja, es kann sogar durchaus bezweifelt werden, ob die inzwischen eingetretenen Komplikationen der Stoffwechselversorgung einen

Fortschritt bedeuten angesichts einer dafür notwendigen technischen Apparatur, deren störanfälliger Aufwand kaum in einem rechten Verhältnis zu dem Instinktverlust (und damit dem Schwund an Seinsvertrauen) steht, den die Menschheit durch ihn erlitt.

Jedoch: ob mehr oder weniger kompliziert – bestehen bleibt das Faktum, daß die „Notwendigkeit" der Nahrungszufuhr die körperliche Existenz des Lebendigen ebenso vorrangig bestimmt wie die „Notwendigkeiten" der Fortpflanzung oder der Geburt und des Todes gen-programmiert sind, um „organisiertes Leben" zu ermöglichen. „Der Tod", vermerkt ein Goethe zugeschriebener Text im Tiefurter Journal, „ist ein Kunstgriff der Natur, viel Leben zu haben."

Das tierische Glück, wenn man das einmal so nennen mag, besteht in der selbstverständlichen Übereinkunft von individuellem Tatendrang und vorgegebener Notwendigkeit. Indem das Tier sich der Notwendigkeit fügt und nicht über sie hinausstrebt, erfüllt sich sein Dasein. Der vernunftbegabte Mensch jedoch vermag sich, die entwicklungsgeschichtlich eingeräumte Toleranzspanne freier Entscheidungen nutzend, mit solcher Erfüllung nicht zufriedenzugeben. Er trachtet nach mehr Glück und macht sich dadurch immer unglücklicher, weil ihm letzten Endes die Grenzüberschreitungen naturgesetzlicher Notwendigkeiten dennoch versagt bleiben müssen. Indem er andauernd über sich selbst hinausstrebt anstatt den natürlichen Aktionsradius selbstdiszipliniert auszuschreiten, wütet er gegen sich selbst. Er zerstört damit die Voraussetzungen eines wenigstens zeitweise herstellbaren Glücksgefühls im Sinne einer geistigen Versöhnung mit der eigenen Existenz.

Von jeher haben die bedeutendsten Köpfe, ob Philosophen, ob Religionsstifter, ob Gesetzgeber oder Geschichtsschreiber, ob Künstler oder Wissenschaftler, vor solcher Hypertrophie gewarnt und der Menschheit Mäßigung im Gebrauch ihrer Freiheiten und damit ihrer Macht anempfohlen. Gerade sie, die ausgezeichnet waren mit besonders hochentwickelten Gehirnen, wußten (oder ahnten doch zumindest), welche Gefahren in diesem freigesetzten, seiner natürlichen Sicherungen partiell entblößten homo sapiens lauerten. Sie ahnten, daß er immer wieder versuchen würde, seine Energien darauf zu verwenden, mit dem Kopf sinnlos gegen die Mauern der natürlichen Ordnung anzurennen, die sein Dasein umgrenzen. Deshalb predigten sie Bescheidenheit und Bescheidung, weil nur dadurch und nicht durch Übermaß menschliche Erfüllung und damit „Glück" erlangt werden könne. Sie gaben der Welterkenntnis den Vorrang vor der Weltbeherrschung, weil nur Welterkenntnis und Welterfahrung, religiös oder denkerisch, eine zureichende, der Natur-Notwendigkeit eingeordnete Weltbeherrschung gewährleiste. „Der Mensch" schreibt der geniale Lebenspraktiker Goethe in den ‚Wanderjahren' „... der Mensch ist ein beschränktes Wesen, unsere Beschränkung zu überdenken, ist der Sonntag gewidmet."

Aber trotz solcher freundlichen Ermahnungen haben wir uns, so scheint es, in der Welt, in der wir leben, noch immer nicht zurechtgefunden. Weder als seelisches Erlebnis noch als geistige Aufgabe konnten wir sie dauerhaft begreifen. Stattdessen jagen wir immer hysterischer Glücks-Chimären nach, indem wir das Leben des Planeten und uns gegenseitig ebenso zynisch wie verblendet ausbeuten, ohne dafür auch nur ein Quentchen Seelenfrieden eintauschen zu können. „Was hülfe es dem Menschen", sagt schon der tiefsinnige Bibeltext, „wenn er die ganze Welt gewönne und nähme doch Schaden an seiner Seele?" Seit den Tagen jedoch, in denen dieser Satz formuliert wurde, hat sich des Menschen Hirn-Schicksal eher zum Schlechteren als zum Besseren entwickelt, trotz Aufklärungen und Revolutionen und sozialen Verheißungen. So wird Sisyphos wohl den Fels menschlicher Kühnheit und Verblendung das Gebirge der Hoffart hinaufstemmen bis an das Ende der planetaren Tage, hoffend auf ein Wunder, das ihm Ananke nie gewähren kann.

24

Mit der Phrase leben?

Randbemerkungen in das Stammbuch der Moral-Kosmetiker

Die beste aller Welten, von Leibniz beschworen, von Voltaire verhöhnt, ist in den letzten zweihundert Jahren keineswegs gut geworden. Offenbar mangelt dem homo sapiens, der so vieles kann, die simple Gabe, aus seiner eigenen Geschichte die notwendigen Schlüsse zu ziehen und somit aus Erfahrung klug zu werden. Zwar schließt er messerscharf und beweiskräftig, daß zwei mal zwei vier sei, aber vor den Realien seiner Geschichte hofft er mit geradezu rührender Naivität auf ein Wunder, das aus zwei mal zwei das Resultat fünf zaubert. Nach jeder Dummheit gelobt er wie ein verkaterter Säufer, ein neues, sinnvolleres Leben beginnen zu wollen; aber nur wenig später stellt er bereits wieder die beste aller Welten aktiv in Frage – und zwar mit dem gleichen negativen Ergebnis. Dennoch klammert er sich an die Utopie menschlicher Vollkommenheit, die sich ihm längst als Fata morgana entlarvte. So gaukelt er sich selbst Illusionen vor durch die schizophrene Projektion einer doppelten Moral, die nur unzulänglich einen Zustand kaschiert, den Nietzsche als europäischen Nihilismus definierte. Um dem Medusenblick dieses Nihilismus auszuweichen, hat sich's der Europäer (und nicht nur der Europäer) des 20. Jahrhunderts im Hinterstübchen der Phrase bequem gemacht. Er lebt mit dieser Dame vom metaphysischen Strich auf vertrautem Fuß und treibt mit ihr allerhand moralische Allotria in der stillen Hoffnung, der liebe Gott werde inzwischen den lädierten Planeten schon wieder in Ordnung bringen.

Aber mit der Phrase lebt es sich auf die Dauer schlecht. Wenn sie alt wird und runzlig, treten ihre häßlichen, abstoßenden Züge umso erschreckender hervor und versetzen die in Panik, die ihr huldigten. Rat- und hoffnungslos fühlen sie sich ebenso der Daseinswirklichkeit wie der eigenen Standpunktlosigkeit preisgegeben, und ihre beteuernden Goodwill-Erklärungen zerplatzen in der Luft wie billige Seifenblasen, die Kinder aus einem Strohhalm in die Luft pusten. Derart in die selbstverschuldete Defensive gedrängt, ernten sie, was sie nicht säen wollten: den Zorn der nachfolgenden Generation, die keine Fundamente vorfindet, auf denen sie weiterbauen kann.

So bewältigen zum Beispiel die Bundesdeutschen seit einem Vierteljahrhundert rhetorisch ihre Vergangenheit und bekennen sich zu den demokratischen Prinzipien der Freiheit, der Menschenwürde, der Nächstenliebe und zu ähnlichen hohen Begriffen; sie reden von Weltfrieden und einem Vereinigten Europa, von Liberalität, Toleranz und Gewissen, und sie proben den Parlamentarismus und den Wohlstand, ohne sich auch nur im geringsten um den Preis zu kümmern, den man für diese rhetorischen Schecks zahlen muß, wenn sie nicht gedeckt sind.

Jetzt, da die radikale Rechnung präsentiert wird, stehen sie mit leeren Taschen da und kramen in ihrem Hirn nach Argumenten, die das Debakel wenigstens für eine kurze Galgenfrist hinauszögern könnten. Die potemkinschen Dörfer der westlichen Freiheit jedoch, errichtet aus Chrom, Nickel und Picasso, aus Swimmingpool, Segeljacht und Television, aus public relations und Geschäftsbilanzen, wackeln bereits wie Pappkulissen in der Zugluft einer Provinzbühne, auf der drogenberauschte Hippies in den siebenten Himmel des Nihilismus taumeln.

Es fällt schwer, sich aus dieser Anarchie der Begriffe und Verhaltensweisen, aus dieser völligen Destruktion der Gesellschaft einen Ausweg vorzustellen und der fortschreitenden Entwertung aller Werte so Einhalt zu gebieten, daß die verirrte und verwirrte Menschheit wieder Boden unter die Füße bekommt, auf dem sie einigermaßen sicher stehen kann. Nicht von ungefähr üben auf viele junge Menschen die kommunistischen Diktaturen östlich des eisernen Vorhangs eine fast magische Anziehungskraft aus – eine Anziehungskraft, die auch die entschiedensten Hinweise auf die politische Wirklichkeit jener Länder kaum auszulöschen vermögen. Scheint doch der Kommunismus in seiner Frontstellung gegen die westliche Gesellschaft und ihren heuchlerisch drapierten Geschäftssinn geradezu messianisch-erlöserische Züge anzunehmen, indem er der Sozietät als Gesamtheit wieder eine Funktion und Rolle zuspricht. Gegen diese messianische Faszination mit Wohlstandsemblemen und idealistischen Sprüchen anzukämpfen, ist so gut wie aussichtslos; denn in den Stürmen, die kommen werden, zählen nur Realitäten und nicht Phrasen, die längst hohl klingen und hinter denen selbst diejenigen keine aktivierende Kraft mehr vermuten, deren stets sprechbereiten Mündern sie entquellen.

Der Idealismus des 19. Jahrhunderts, der uns so manche Verblendung bescherte und der – in stets wechselnder Gestalt – erhebliches Unheil bis in unsere Tage anrichtete und leider noch immer anzurichten scheint, bedarf einer endgültigen Liquidation, und zwar auch in seiner sozialutopischen Spielart marxistischer Provenienz. Nur dann wird die Bahn frei für die längst fällige Evolution der Gesellschaft zu einer zeitgemäßen, und das heißt: den gegenwärtigen Aufgaben gewachsenen und schöpferisch vorwärtsschreitenden Völkergemeinschaft. Der zivilisatorische und industrielle Standard kann nicht gemeistert werden mit Schlagworten von vorgestern und biedermeierlichem Augenaufschlag; auch Diskussionen, die beliebten Gesellschaftsspiele einer falsch verstandenen Demokratie, helfen da wenig.

Schon bei den Parteien, die unsere staatliche Ordnung garantieren, setzt das Delemma ein. Ihre Wurzeln wuchern im Humus des 19. Jahrhunderts, und diese Wurzeln nähren sie bis heute, mögen die ins zwanzigste Jahrhundert ragenden Zweige auch noch so oft die Blätter abgeworfen und sie in veränderten politischen Jahreszeiten wieder erneuert haben. Gegenüber diesen politischen Siegelbewahrern des vergangenen Jahrhunderts war ein Mann wie Lenin, der in die Zukunft des 20. Jahrhunderts hinein dachte und handelte, zweifellos im Vorteil. Seine Stunde schlug, als er, vor mehr als fünfzig Jahren, unter Blut und Tränen und mit barbarischer Rücksichtslosigkeit, die Utopie eines modernen Zukunftsstaates in die diktatorische Tat umsetzte, und zwar unbeeindruckt von dem Anhauch der Tradition, aus der er hervorging. Gewiß: Marx, Engels und Feuerbach, auch Hegel waren die Wegweiser, an denen er sich orientierte – aber de facto gehorchte er nur sich selbst und seiner Vision. Was er zu realisieren sich anschickte, das war die endgültige Abkehr von der politischen Romantik des 19. Jahrhunderts und die Hinwendung zu einer Staatsidee, die dem 20. Jahrhundert eine gesellschaftliche Verfassung geben sollte.

Wie problematisch dieser gesellschaftspolitische Entwurf Lenins sich im Laufe des halben Jahrhunderts, das seit jenen welterschütternden Tagen im roten Oktober des Jahres 1917 verging, erwies, braucht kaum erörtert zu werden: die Geschichte verzeichnet bereits den Leidensweg, den die Menschen unter der Herrschaft des Sowjetsterns ausschritten und noch ausschreiten.

Und dennoch blieb die Faszination, die Lenins dämonisch-hellsichtiges Genie auslöste – sie blieb, trotz der getürmten Leichenberge, trotz Unterdrückung, Terror und Gehirnwäsche, weil sie eine neue Idee verklärte, die nicht auf dem Mist der Vergangenheit das Morgenrot kommender Tage ankündigte, sondern die sich bewußt dem Jahrhundert verpflichtete, in dem wir leben.

Die traditionsbeladenen Parteien der westlichen Welt haben es schwer, diesen gefährlichen Sirenenruf aus dem Osten durch zugkräftigere Melodien zu übertönen. Illusionen und Lippenbekenntnisse jedenfalls reichen, wie sich schon jetzt herausstellt, nicht aus, um die Märkte der westlichen Welt zu sichern – und auch der siebente Himmel des Nichts, durch Drogen, Happenings oder gar Selbstmord unter dem Signum der Willensfreiheit erschaffen, wird Europa kaum aus dem Dilemma erlösen, das ihm die idealistische Gesellschaftslüge bescherte.

Was die Völker dieser Erde brauchen, um endlich wieder zu sich selber und damit auch zueinander zu finden, das ist der Blick auf die Grundtatsachen der menschlichen Existenz, und zwar ohne die Scheuklappen moralistischer Kosmetik-Clubs. Der Mensch ist ein schreckliches Wesen, angesiedelt zwischen Gott und Teufel, genial und brutal zugleich – und ausgeliefert den furchtbarsten Anfechtungen. Ausgebrochen aus allen Sicherungen, die ihren Geschöpfen die Natur zusprach, muß er sich täglich und stündlich frei entscheiden. Er kann diese Entscheidungen für sich und für die Gesellschaft nur dann treffen, wenn er, der Lüge und der Illusionen entratend, bereit ist, die Wahrheit seines eigenen Spiegelbildes zu ertragen.

Tiefer und sachlicher denn je hat die moderne Wissenschaft den menschlichen Existenzbereich ausgelotet und den Zeitgenossen ihre Erkenntnisse mitgeteilt. Sie hat die Grenzen und Möglichkeiten menschlichen und mitmenschlichen Verhaltens genau abgesteckt und deutlich aufgezeigt, wo die Gefahren lauern, die den Bestand der Spezies in Frage stellen. Gewiß: aus diesen Erkenntnissen die Folgerungen zu ziehen, ist beschwerlich und unbequem – aber wann ist je eine Reform, ein Umdenken und eine Veränderung bequem gewesen? Auf die Dauer jedenfalls erscheint diese Unbequemlichkeit immer noch angenehmer und für die Zukunft des Menschengeschlechts ertragreicher als das kurze Glück, das uns das Leben mit der Phrase offeriert. Frei sind wir erst dann, wenn wir uns einer neuen gesellschaftlichen Ordnung fern von sozialen Utopien, egoistischen Hamstergedanken und nihilistischen Anarchie-Happenings fügen – einer Ordnung, die nicht unsere Urgroßväter idealistisch ersannen, sondern die wir aus dem Geist unseres Jahrhunderts uns auferlegen. Wir müssen uns, den Warnungen der Wissenschaft Gehör leihend, endlich daran gewöhnen, daß auch die anthropologische Rechnung „zwei mal zwei" nach den strengen Gesetzen der Logik und der Vernunft „vier" und nicht „fünf" ergibt.

25

Pressefreiheit, die sie meinen ...

Über den Mißbrauch der Informationspflicht

Niemand hat in unserem Jahrhundert einem bestimmten Typus Presse und damit einer bestimmten Journalisten-Spezies gründlicher die Leviten gelesen als Karl Kraus. Die Jahrgänge der *Fackel* von 1899 bis 1936 sind eine einzige Anklage gegen die schwarzen Magier der öffentlichen Meinung, die – nach Kraus – die abendländische Kultur liquidieren. Pamphlet um Pamphlet schleuderte er den ebenso kurzsichtigen wie überheblichen Skribenten entgegen. Erbarmungslos bis zur eifernden Monomanie nahm er Artikel für Artikel unter seine kritische Lupe und attestierte dem europäischen Geist journalistisch-feuilletonistischen Trichinenbefall. Überall, vermerkt er im November 1908 in einem ‚Apokalypse' betitelten Aufruf zur Erhaltung der *Fackel*, überall dringen die „Gase aus der Welthirnjauche, kein Atemholen bleibt der Kultur und am Ende liegt eine tote Menschheit neben ihren Werken, die zu erfinden ihr soviel Geist gekostet hat, daß ihr keiner mehr übrig blieb, sie zu nutzen". Und pessimistisch prophezeit er angesichts dieser Diagnose den „Untergang der Welt durch schwarze Magie", sprich: durch die mißbrauchte Allmacht der Presse. Denn längst erweise sich das Hirn unserer Zivilisation als „camera obscura, die mit Druckerschwärze ausgepicht" sei. Diese, durch Druckerschwärze verdunkelte Welt werde selbst ihren Untergang noch mit Vergnügen ertragen, wenn ihr nur dessen „kinemathographische Vorführung nicht versagt" bleibe.

Nun: inzwischen werden uns diese „kinemathographischen Vorführungen" des abendländischen Zerfalls Abend für Abend per Mattscheibe frei Haus geflimmert. Im Schaukelstuhl und bei kühlem Bier genießen wir, was noch keiner Generation zuvor zu genießen vergönnt war: den Nervenkitzel der eigenen Agonie. Denn seit den Anklagen von Karl Kraus hat sich in der Presse und anderswo nichts geändert – zumindest nicht zum besseren. Im Gegenteil, die modernen Multiplikatoren, bezeichnenderweise „Massenmedien" genannt, haben inzwischen das Ihre tatkräftig zur Lust am Untergang beigetragen. Unbekümmert wird tagtäglich die Pressefreiheit auf und unter dem Strich, wohin sie gelockt wurde, genotzüchtigt – wobei die Hintertreppe, auf der dies geschieht, als Boulevard ausgegeben wird.

Karl Kraus ist tot. Er starb 1936. Zu Hitler fiel ihm, nach eigenem Zeugnis, bereits nichts mehr ein – aber wie verzweifelter noch wäre er wohl verstummt angesichts unserer gegenwärtigen Schlagzeilen-Hysterie, deren sadistisch-masochistische Obertöne eine erschreckend inhumane Grundhaltung gewisser Meinungshüter verraten. Der geistige Mief, der aus den schein-ethischen Kulissen von Pressefreiheit, Informationspflicht, Aufklärung und sogenanntem kritischen Bewußtsein hochsteigt, verschmutzt die menschliche Umwelt keineswegs geringer und auch keineswegs weniger tödlich als die Abgase der Blechgeschwader und der Auswurf der Ölschlote – nur: davon redet kaum einer, weil die Angst vor dem ins Kraut schießenden publizistischen Informationsterror hierzulande beklemmend groß ist. Die Tage eines Karl Kraus, da immerhin ein paar miese Schreiber vor jedem neuen Heft der *Fackel* zitterten, sind längst dahin, und ungehemmt darf heute jeder Zeilenschinder seinen publizistischen Rang nach dem Winkel des eigenen beschränkten Horizontes selbst bestimmen und behaupten, er entfalte bei diesem eigenartigen Geschäft seine Persönlichkeit, sowohl geistig als auch moralisch. Aber wo nichts ist, läßt sich auch nichts entfalten: diesen Sachverhalt intelligent zu vertuschen, wurden wohl kaum zuvor mehr Grips und Druckerschwärze sowie Millionenmeter von Magnetbändern und Zelluloidstreifen aufgewendet als heute. Der Materialverschleiß steht im umgekehrten Verhältnis zur Substanz: die Medien kreißen und kreißen, jedoch gebären sie fast immer nur Mäuse ...

Die Medien, diese teuflischen Multiplikatoren des menschlichen Unsinns, weben eifrig den Schleier anthropologischer Illusionen, der jede wirkliche Aufklärung der Gesellschaft verhindert, und zwar aus den gleichen Gründen, die sie andernorts mit pseudomoralischer Entrüstung anprangern – aus den Gründen nämlich des materiellen Profits und der demagogischen Macht. Denn längst werden auf den Boulevards der bürgerlichen und auch der journalistischen Dämmerung nicht mehr die heuchlerisch beschworenen Güter der Pressefreiheit und der sogenannten Informationspflicht feilgeboten, sondern hier werden Nachrichten als seelenpornographische Nervenkitzel zum Höchstpreis verhökert, um dem trivialem Klatschbedürfnis der Masse entgegenzukommen. Ersetzen die medialen Multiplikatoren doch nicht nur den Brunnen, an dem die Weiber einst ihre Zungen entfesselten, sondern auch den Pranger auf dem Markt, den die Menge mit pharisäischem Behagen angaffte.

Jeder kennt inzwischen die zum Kalauer abgesunkene Maxime journalistischer Nachrichten-Dramaturgie, wonach die Mitteilung „Hund beißt Neger“ keinen Nachrichtenwert besitze, hingegen die Meldung „Neger beißt Hund“ eine Nachrichtenqualität der Güteklasse I aufweise. Sagt der Witz selbst schon genug aus über die Mentalität einer gewissen Berichterstattung, so signalisiert seine tägliche Anwendung in der journalistischen Praxis eine geradezu barbarische mitmenschliche Haltung. Mit Redakteursaugen gesehen mag die Meldung, daß ein Hund einen Neger gebissen habe, belanglos anmuten, aber inhaltlich erscheint sie immerhin gewichtiger als die läppische Tatsache, daß ein Neger einen Hund gebissen habe. Hier wird nämlich allein durch dessen Singularität ein vergleichsweise blödsinniger Tatbestand zu einer Sensation hochstilisiert, die einen höheren Aufmerksamkeits- und auch Informationswert für sich beansprucht als manche schlichtere, aber menschlich gewichtigere Nachricht. Überträgt man das anspruchslose Neger-Exempel auf größere Begebenheiten des Weltgeschehens, so erkennt man unschwer, wo sich hier der Hase im Pfeffer räkelt ...

Unter solchen publizistischen Vorzeichen genügt es heute beispielsweise, daß ein Verfertiger von plastischen Schock-Artikeln öffentlich eine Sau schlachtet und sich mit den Innereien besprenkelt, um ihn weltbekannt zu machen und seinen Verkaufswert an der Sensationsbörse zu steigern. Aber damit nicht genug: sind doch manche Journalisten längst selbst schon auf den Hund gekommen, den der Neger gebissen hat. Denn angesichts der fatalen Erkenntnis, daß nicht jeden Tag ein Neger einen Hund beißt, fanden sie einen pfiffigen Dreh, auch die simple Nachricht „Hund beißt Neger" in ihr Gegenteil umzufrisieren oder doch zumindest vorzugeben, das Gegenteil habe sich möglicherweise ereignet. Meist machen sie sich zu solchem Behuf erst gar nicht die Mühe, den Schein ihrer Glaubwürdigkeit wenigstens durch ein Fragezeichen zu wahren – etwa derart, daß sie formulieren „Biß Neger Hund?" Nein, sie behaupten vielmehr keck in der Überschrift, daß der Neger den Hund gebissen habe – in der keineswegs trügerischen Hoffnung, daß der Leser das Blatt ja bereits gekauft habe, wenn er den wahren Sachverhalt entdecke. Juristisch nennt man diesen Tatbestand „arglistige Täuschung", und journalistisch dürfte hier ein klassisches Beispiel für Nachrichten-Manipulation gegeben sein. Aber offensichtlich genügt die Anrufung der Pressefreiheit bereits, um Manipulationen dieser Art, die man täglich in den einschlägigen Erzeugnissen aufspüren kann, mit dem Deckmäntelchen publizistischer Nächstenliebe zu verhüllen. Auf solche Einwände angesprochen, reagieren die Nachrichten-Macher stets mit moralisch-kritisch-freiheitlichen Beteuerungen und biederem Augenaufschlag. Wissen sie doch genau, daß, wer über die Multiplikatoren der öffentlichen Meinung verfügt, auch über beträchtliche Macht verfügt – und Macht hat leider, trotz ihrer fragwürdigen Aspekte, noch immer das letzte Wort. Ihr dieses letzte Wort wenigstens in der gefährlichen pseudo-journalistischen Spielart zu entziehen, ist ein schwieriges Geschäft, weil die häufigste Erscheinungsform der Zeitungslüge die Halbwahrheit ist. Nichts aber läßt sich schwerer widerlegen als Halbwahrheiten, weil sie dem zur Rede gestellten Schreiber jede nur erdenkliche Ausflucht gestatten, zumal dann, wenn diese Ausflucht noch durch den weinerlichen Hinweis auf die Einschränkung der Meinungsfreiheit akzentuiert wird. Ein derartiger Hinweis wirkt auf unsere scheinmoralisch hochgetrimmte und auf demokratische Heuchelei anstatt auf kritische Mündigkeit abgerichtete Geesellschaft sofort stimulierend. Insbesondere die Standesgenossen der Betroffenen stimmen prompt ohne Ansehen der Person und der Sache in den Klagechor ein und verstärken ihn eindrucksvoll, wenn auch nicht überzeugend. So feiert das Aberdenken kuriose Triumphe – Triumphe, die einem allmorgendlich das Frühstück verderben. Auf der ersten Seite kolportiert die Schlagzeile Gruppensex in besseren Kreisen, im Feuilleton streiten sie für die freie Liebe, im Lokalteil spielen sie Bankraub-Krimi und auf der Sportseite tobt sich Kaninchenzüchtermentalität auf Fußballebene aus, indes der Wirtschaftsteil besorgt die Börsenkurse sondiert und Konjunkturkurven anvisiert. Kurzgeschlossene Nachrichten und Berichte, kalt angerührt und mit Kolumnen versetzt, verkochen so über dem Feuerchen des Nervenbibbers zu einem Informationsbrei für aufgeregte Spießer aller Schattierungen, die den täglichen Mord, das tägliche Verkehrsmassaker samt My Lai und Gesellschaftsskandalen schlucken wie eine Pille, die ihre triste Existenz psychodelisch aufputscht.

Aus dieser Perspektive angeschaut, erweisen sich die Schlagzeilen besagter Blätter und geistig benachbarter Medien als Kilometersteine der menschlichen Dummheit auf dem Weg in die Verfinsterung. Die Ironie ohne tiefere Bedeutung und die Pointe als Presseausweis genügen kaum als Rechtfertigung eines Anspruchs auf Pressefreiheit. Auch die Pressefreiheit muß, wie jede Freiheit, in einem immerwährenden Prozeß stets neu errungen und durch die redliche Tat bestätigt werden, wenn sie nicht zum Aberwitz absinken soll. Wer unter Pressefreiheit lediglich die Verlegung von Stammtischgemaule und Bargeflüster in die Redaktionen versteht, hat sie bereits gründlich mißverstanden und mißbraucht. Unabhängigkeit im Titel und Impressum eines Publikationsorgans ist eine Verpflichtung, aber kein journalistischer Freibrief. Diese Verpflichtung zeitigt, wie die großen und seriösen Zeitungen der Welt beweisen, allerdings nur bescheidene Sensationen. Dafür jedoch erfüllen diese Blätter den gesellschaftspolitischen Auftrag, das Geschehen in der Welt durchsichtig, überschaubar und kritisch zugänglich zu machen, im aufklärerischen Sinn weitaus überzeugender und wirkungsvoller als die Schreihälse auf den Boulevards. Die Weltgeschichte kümmert sich, entgegen der Ansicht mancher Kolumnisten, noch nicht einmal einen Deut um die vorgefaßten Meinungen aus der publizistischen Froschperspektive. Sie schreitet gelassen über die Gartenzwerge im Schrebergarten der öffentlichen Meinung hinweg. Wenn dann die Scherben knirschen, wird es zu spät sein, über den publizistischen Willen zur Macht zu raisonnieren, der unsere Ohren abstumpfte für das Gedröhn der anrückenden Barbarei. Wie sagt doch Karl Kraus in dem schon mehrfach zitierten Aufsatz über die schwarzen Magier? „Was vermag nun ein Satirenschreiber in einem Getriebe, dem ohnedies schon in jeder Stunde ein Hohngelächter der Hölle antwortet? Er vermag es zu hören, dieweil die anderen taub sind. Aber wenn er nicht gehört wird? Und wenn ihm selbst bange wird? Er versinkt im Heute und hat von einem Morgen nichts zu erwarten, weil es kein Morgen mehr gibt, und am wenigsten eins für die Werke des Geistes. Wer heute noch eine Welt hat, mit dem muß sie untergehn." Zugegeben: Das ist kein angenehmer Ausblick, aber es ist ein Ausblick.

26

Deutschland im Jahre Null

Gedanken beim Wiederlesen der Zeitschrift „Der Ruf" nach fünfundzwanzig Jahren

Als Hans Schwab-Felisch, rund fünfzehn Jahre nach der Veröffentlichung des *Ruf,* in einem Taschenbuch eine Bestandsaufnahme dieser Zeitschrift herausgab, schrieb er in der Einleitung, jene Beiträge aus den Jahren 1946 bis 1948 seien „ein Kapitel aus dem Großen Lesebuch der unbewältigten Zukunft". Damals las sich das noch fast rhetorisch-unverbindlich; aber heute, nach Eintritt in die euphorisch bejubelten, aber höchst problematischen siebziger Jahre, erweisen diese Worte bei erneuter Lektüre des *Ruf* erst ihren beklemmenden Ernst. Denn jetzt sind diejenigen, die seinerzeit im *Ruf* leidenschaftlich für eine europäische Erneuerung unter dem Vorzeichen eines ebenso realistischen wie humanistischen Sozialismus gestritten haben, zu ernten gezwungen, was sie nicht säten: das Tohuwabohu nämlich einer politisch weitgehend desorientierten, von sozialen Krämpfen befallenen und hoffnungslos verfilzten Konsumgesellschaft, die sich im Kräftefeld zwischen Ost und West vornehmlich durch eine hypertrophierte Wirtschaft zu behaupten versucht.

Der *Ruf,* im Untertitel als ‚Unabhängige Blätter der jungen Generation' ausgewiesen, erschien erstmals am 15. August 1946, vorgelegt von der Nymphenburger Verlagshandlung in München unter der Zulassungsnummer US-E 174 der Nachrichtenkontrolle der amerikanischen Militärregierung. Als Herausgeber ist Alfred Andersch im Impressum ausgewiesen; ab Nummer 4, Oktober 1946, teilte sich Andersch mit Hans Werner Richter in die Herausgeberschaft. Dem in München erscheinenden *Ruf* war allerdings ein Vorläufer vorausgegangen, nämlich die Kriegsgefangenenzeitung gleichen Titels, die seit Winter 1944 in einem amerikanischen Camp erschienen war und an der sich auch Andersch und Richter beteiligt hatten. Aber schon damals war ein Konflikt aufgetreten, der sich später in Deutschland wiederholen sollte: energisch wehrten sich nämlich Andersch und Richter gegen die Umerziehungsideen der Amerikaner, die sie, im Hinblick auf eine aus den Trümmern der Katastrophe neu zu schaffende Völkergemeinschaft, für verhängnisvoll hielten. Insbesondere wandten sie sich leidenschaftlich gegen die These der Kollektivschuld, die ihrer Meinung nach einer freien demokratischen Entwicklung in Deutschland die Basis zu rauben drohte.

Aus der Kriegsgefangenschaft entlassen, gründeten Andersch und Richter nun also den neuen *Ruf*, und sie setzten darin mit einer schonungslosen, ja: für damalige Verhältnisse geradezu selbstmörderischen Offenheit ihre Polemik gegen die verfehlte Politik der Alliierten fort. Dementsprechend bestimmten auch die Beiträge von Andersch, Richter und später von Walter Maria Guggenheimer Rang und Profil dieser Zeitschrift – sie sorgten für jene Faszination, die der *Ruf* auf die jungen Heimkehrer aus Krieg und Gefangenschaft ausübte. Hier sprach eine publizistische Stimme, die weder devot vor den Siegern säuselte noch sich in Ressentiments erging, sondern die vorurteilsfrei den Weg abzustecken versuchte in eine keineswegs utopische, sondern erschaffbare Zukunft.

Mit diesen drei Personen, mit Andersch, Richter und Guggenheimer stand und fiel damals der *Ruf*. Er stand genau neun Monate, nämlich bis zum April 1947. Dann setzte die amerikanische Militärregierung die unbequemen Herausgeber an die Luft. Damit war Deutschland nicht nur um eine publizistische, sondern auch um eine politische Hoffnung ärmer. Wahrscheinlich glaubte die amerikanische Besatzungsregierung damals, nur einige utopische Querköpfe schachmatt gesetzt zu haben; in Wirklichkeit jedoch hatte sie den Keim einer Entwicklung erstickt, der durch den Setzling des Marshallplans keineswegs ersetzt werden konnte: den Keim einer Entwicklung nämlich zu einer geistigen, politischen und damit auch nationalen Neuorientierung der jungen Generation in Deutschland nach 1945.

Zunächst noch ein Wort zum Schicksal der Zeitschrift nach dem April 1947. Es wurde oft gesagt, mit diesem Datum habe der *Ruf* zu existieren aufgehört, obwohl er noch bis weit in das Jahr 1948 erschienen sei. Das stimmt nur bedingt. Politisch relevant war der *Ruf* zweifellos nur unter den Herausgebern Andersch und Richter – und diese Zeit, diese neun Monate zwischen August 1946 und April 1947, sollen uns hier auch nur interessieren. Aber publizistisch unfair wäre es, den darauffolgenden Nummern des *Ruf* Bedeutungslosigkeit zu attestieren. Im Gegenteil: journalistisch farbiger und glanzvoller präsentieren sich sogar die Blätter unter den Redaktionen Erich Kuby und Walter von Cube. Auch an Polemik fehlt es keineswegs. Nur: die Entschiedenheit und Unbedingtheit, mit der Andersch und Richter ihre Sache verfochten, die nicht nur ihre, sondern die Sache ihrer Generation war, diese Entschiedenheit zeichnete fortan den *Ruf* nicht mehr aus.

Richten wir die Optik zurück auf Deutschland im Jahre Null, so begegnen wir Trümmern, Hoffnungslosigkeit, Hunger und Flüchtlingselend; und wir finden ein Deutschland im Zeichen der Besatzung und des Nürnberger Prozesses. Anders noch als 1918 kehrte die junge Generation der vierziger Jahre als verlorene Generation aus dem Krieg zurück in eine Heimat, die keine Heimat mehr war, sondern nur ein materielles und menschliches Trümmerfeld. Nicht nur Deutschland, sondern ganz Europa hatte sich in diesem unselig angezettelten Krieg ruiniert, und diese junge Generation hatte sinnlos ein blutiges Millionenopfer bringen müssen. Sie war, nicht nur in Deutschland, schuldlos schuldig geworden, mit dem Gewehr in der Hand. Und sie war bereit, nicht nur in Deutschland, sich selbst und Europa einen neuen Sinn zu geben.

Schon im ersten Leitartikel des *Ruf*, erschienen am 15. August 1946, und überschrieben: ‚Das junge Europa formt sein Gesicht', gibt Alfred Andersch dieser Hoffnung mit der Gewißheit eines Menschen, der an seine Sache unerschütterbar glaubt, bewegten Ausdruck.

„Diese junge Generation", schreibt Andersch, „die Männer und Frauen zwischen 18 und 35 Jahren, getrennt von den Älteren durch ihre Nicht-Verantwortlichkeit für Hitler, von den Jüngeren durch das Front- und Gefangenschaftserlebnis, durch das ‚eingesetzte' Leben also, – sie vollziehen die Hinwendung zum neuen Europa mit leidenschaftlicher Schnelligkeit. Das Ausland hat diese Entwicklung noch nicht bemerkt, zum Teil, weil es sie nicht bemerken will, zum Teil, weil es die Symptome falsch deutet. Die Negation, in der heute die jungen Deutschen leben, ist nicht das Zeichen eines endgültigen Triumphs des Nihilismus, sondern sein Gegenteil. Die negierende Haltung aller ‚Belehrung' gegenüber beweist, daß man das Erlebnis der Freiheit sucht, daß man den radikalen Neubau will. Der neue Geist der deutschen Jugend drückt sich auch in dem unermeßlichen Hunger aus, die geistige Entwicklung der letzten Jahre nachzuholen. Aber eben nicht im Sinne einer nachzuholenden Schule, sondern eines zu lebenden Lebens. Dazu müssen die neuen Gedanken Europas in Deutschland freilich erst bekannt gemacht werden ... Es wird nicht mehr lange dauern, bis die junge Generation Deutschlands ‚aufgeholt' haben wird. Ihre Losung lautet schon jetzt: Die Erzieher müssen überholt werden. Auf keinen Fall wird sich das junge Deutschland von dem jungen Europa abschneiden lassen. Es wird auch nicht schwerfällig und widerstrebend dahinterher trotten. Schon deshalb nicht, weil das junge Europa ohne das junge Deutschland nicht existieren kann."

Mit solchen Sätzen wurde damals das politische Programm des *Ruf* unmißverständlich formuliert. Vielleicht klingt in heutigen Ohren manche Passage dieses Textes zu pathetisch oder gar zu idealistisch – aber solcher Eindruck trügt. Denn Pathos war notwendig, um in der trostlosen Öde menschlicher Lethargie gehört zu werden – und keineswegs wirklichkeitsfern-idealistisch waren Sätze wie: „der Menschengeist" habe „eine Stufe erreicht, in der ihm der private Besitz von Produktionsmitteln ebenso absurd erscheint wie vor 2000 Jahren die Sklaverei", sofern man die Situation bedenkt, in der sie geschrieben wurden.

Deutschland im Jahre Null war ein Deutschland der Besitzlosen. Auch wer mehr als das nackte Leben besaß, konnte sich dessen kaum ungetrübt erfreuen, denn er mußte es teilen mit anderen – widerwillig zwar, aber er mußte es. Jeder war auf sich selbst zurückgeworfen, einer war, im Guten wie im Bösen, auf den anderen angewiesen. Eine günstigere Ausgangsposition für einen Sozialismus der Tat (und nicht der Ideologien) gab es selten. Und es bestand damals die reale Chance, die Deutschen aus dem Existenznotstand heraus, in dem sie sich befanden, auf eine neue gesellschaftliche Wirklichkeit fernab kommunistischer Diktatur einzuschwören. Denn Not lehrt nicht nur beten, sondern sie lehrt auch soziales Verhalten.

Aber die westlichen Alliierten, insbesondere die Amerikaner, an die Andersch im gleichen Artikel einen leidenschaftlichen Appell um Verständnis für die deutsche Schicksalsstunde richtet, zeigten wenig Interesse an derartigen Perspektiven. Sie glaubten entschiedener an die Macht des Kapitals als an die Wirklichkeit sozialer Erneuerungen. Es erschien ihnen sinnvoller, die junge deutsche Generation an das amerikanische Kapital zu binden als sie im – wie Andersch formulierte – „Erlebnis der Freiheit" das eigene soziale Schicksal selbst formen zu lassen. Kurzsichtig glaubten sie das Rad der Entwicklung zurückdrehen zu können, indem sie denen die politische Verantwortung für Deutschland übertrugen, die bereits in den zwanziger Jahren politisch gescheitert waren; denn schließlich hatte sich 1933 ja kein Betriebsunfall infolge höherer Gewalt ereignet, sondern politisches Unvermögen hatte vor dem Nationalismus kapituliert.

Aber die junge Generation von 1945 war zum Schweigen verurteilt. Und sie, die Generation, die inzwischen die Väter-Generation der Fünfzig- oder gar Sechzigjährigen geworden ist, schweigt im Grunde noch immer. Sie ist jene junge Generation von 1945 geblieben, die auf ihre Stunde wartet und wartet – auf die Stunde, die nie gekommen ist und die nun auch nicht mehr kommen wird. Sie sind die Generation „draußen vor der Tür" geblieben, die Väter von heute und mißbrauchten Landser von gestern – und sie haben sich ins Kapital und Establishment geflüchtet wie in einen Rausch. Das „ohne mich" wurde zur Parole dieser Generation, der man keine politische Verantwortung zutraute, weil man ihrer Erfahrung mißtraute – und die man für kommunistisch hielt, wenn sie den Notstand weder durch theoretischen noch durch trivialen, sondern durch praktischen Sozialismus zu überwinden trachtete, oder für faschistisch, wenn sie vor der Wiederholung jener Friedensschluß-Fehler warnte, die nach 1918 das Debakel der zwanziger Jahre heraufbeschworen.

Der Zynismus der Enttäuschung ist in fünfundzwanzig Jahren

allerdings in Resignation umgeschlagen. Was übrig blieb von der Bereitschaft jener Umbruchs- und Aufbruchsjahre, das sind die kümmerlichen Versuche, das versäumte Europa von 1945 durch eine wirtschaftliche Interessengemeinschaft zu ersetzen – in der trügerischen Hoffnung, die wirtschaftlichen Interessen würden die politischen Fehler der unmittelbaren Nachkriegszeit von selbst korrigieren. Aber längst haben die wirtschaftlichen Machtverhältnisse die politischen und menschlichen Voraussetzungen von einst liquidiert und für die politische Beweglichkeit das Konsum-Establishment eingetauscht mit flachem Wohlstandsdenken und billigem Glück in der trivialen Sozialidylle.

Bereits 1946 waren die Züge, die heute in den Sackbahnhöfen der westlichen Welt vor den Puffern stehen, abgefahren und nicht mehr aufzuhalten, zumal deutsche Nachkriegspolitiker bereitwillig alle Streckensignale auf grün schalteten. Weithin sichtbares Zeichen für diese Tatsache war im April 1947 die Relegierung der *Ruf*-Herausgeber Andersch und Richter: man entledigte sich der unbequemen Mahner und Kritiker, deren Meinung der westlichen Restauration hinderlich war. Man begann Marshall-Gelder in die Trümmerwüste Deutschlands zu pumpen, um neues, kapitalistisches Leben aus den Ruinen blühen zu lassen, zum Wohle einer internationalen Wirtschaft, die big business um jeden Preis auf ihr Panier schrieb. Heute, nach fünfundzwanzig Jahren, ernten wir die Früchte in Form von Währungskrisen, Sozial-Neurosen, Umwelt-Verseuchungen, Konsumräuschen und Existenzangst.

Die junge Generation der siebziger Jahre aber steht fassungslos vor diesem bunt illuminierten Trümmerhaufen einer Gesellschaft, die ihre Probleme nur in Form von materiellen Wohlstandsvisionen zu bewältigen versuchte. Auf die absurdeste Weise trachten die Jungen von heute danach, intellektuell und existentiell jene Notstandslage der Stunde Null wenigstens als gesellschaftliche Rolle wiederherzustellen, indem sie arm zu erscheinen wünschen ohne arm zu sein und sich in sozialtheoretischen Tändeleien verlieren. Sie möchten die Chancen zurückholen, die damals verpaßt wurden. Wie sie das tun, ist oft ärgerlich und dumm, aber es ist, wenn man sich die Hintergründe vergegenwärtigt, auch ein wenig tragisch. Diese Tragik zu verstehen, lehrt die Lektüre des *Ruf*. Er war mehr als eine Zeitschrift. Er war ein Programm – ja: er war die Hoffnung einer ganzen Generation. Was auf den Seiten des *Ruf* steht, ist historisch geworden. Aber als Historie der verpaßten politischen und gesellschaftlichen Gelegenheiten sind diese Dokumente aktueller denn je zuvor. Und insofern barg das Wiederlesen des *Ruf* für den Betrachter keine Peinlichkeiten, sondern eher Erschütterung.

27

Sind Feiertage reaktionär?

Über den Sinn der Arbeitsruhe

Schon Martin Luther empfahl, man müsse dem Volk aufs Maul schauen, wenn man einfache Wahrheiten bündig formuliert erfahren möchte. Befragt man den Volksmund in Sachen Feiertag, so antwortet er kurzerhand, man solle die Feste feiern wie sie fallen. Solche Meinung bekundet zwar einen recht vulgären Pragmatismus im Hinblick auf kulinarischen Müßiggang, aber dennoch verrät sie nebenbei auch anthropologische Wahrheit, indem sie die Feste (ob weltliche oder geistliche) zu den wünschenswerten Aufschwüngen des Lebens zählt. Dem Volksmund korrespondiert die archaische Erkenntnis der Bibel, die den Feiertag als Teil des göttlichen Schöpfungsprogramms ausweist und entsprechend im dritten Gebot fordert: Du sollst den Feiertag heiligen. Aber nicht nur die Bibel, sondern alle religiösen Grundschriften der Menschheit räumen dem Fest- und Feiertag hohe, die Gemeinschaft der Gläubigen verpflichtende Bedeutung ein.

Weder der Volksmund noch die religiösen Regeln beziehen ihre Inhalte wahl- oder gar sinnlos aus der Luft spekulierender Phantasie, sondern sie offenbaren jenseits der Rituale lebenspraktische Sachverhalte, über die nachzudenken sich lohnt.

Da drängt sich zunächst die Frage auf, was der Feiertag dem Menschen unbeschadet des nominellen Anlasses zu bieten vermag. Die nächstliegende Antwort lautet: Arbeitsruhe und damit Ausspannen aus dem Arbeitsjoch des Alltags. Ausspannen jedoch heißt Muße haben, und wer Muße hat, der ist aus dem Zwang körperlicher Notdurft wenigstens zeitweise entlassen und kann nachdenken, er kann sich erinnern. Indem er sich er-innert in des Wortes ureigenster Bedeutung, wird er auch etwas inne: nämlich der größeren Ordnung, in die sein Dasein verwoben ist. Dieses Innewerden des Himmels, des Kosmos, der göttlichen Gnade oder wie auch immer man jene höhere Ordnung des Daseins bezeichnen mag (Namen sind Schall und Rauch, sagt Goethe) – dieses Innewerden schafft Freizeit, indem es den engen und kargen Lebensbereich des Einzelnen öffnet und in ihn das Göttliche einströmen läßt.

Das mag ebenso abstrakt wie pathetisch wie metaphysisch-nebulös klingen; aber der Klang täuscht, denn hinter solchen Vokabeln verbirgt sich mehr menschliche Wirklichkeit, als mancher materialistische Schnell- und Flachdenker vermutet. Verstrickt sich der Mensch nämlich ohne metaphysischen Aufschwung ganz und gar in seine materiellen Bedürfnisse und deren Genuß, so wirbelt ihn der Teufelskreis seiner irdischen Wunsch- und Wahnvorstellungen schließlich in die Öde der nihilistischen Trostlosigkeit, aus der nur noch Selbstmord einen Ausweg bietet. Herausgetreten aus der „Totschlägerreihe" (Kafka), kann der Mensch sich im Irdischen nicht mehr allein behaupten durch die Befriedigung seiner leiblichen Bedürfnisse, sondern er sieht sich vor der schwierigen Aufgabe, seiner Sonderstellung in der Natur gerecht zu werden als ein Wesen, das einerseits noch tierisch handelt, andererseits jedoch in diesen Handlungen einen Sinn zu erkennen wünscht. Diesen Sinn können die Handlungen selbst nicht offenbaren; im Gegenteil (und darin liegt die Paradoxie materialistischer Welterklärung): sie erweisen sich, auf den irdischen Aspekt eingegrenzt, eher widersinnig und sinnlos als sinnig. Insofern muß der Mensch sich den Himmel (oder den Kosmos) metaphysisch erschließen, um des Sinnes der eigenen Existenz ansichtig zu werden und die Angst vor der irdischen Endlichkeit und dem dahinter lauernden Nichts zu besiegen.

Die Verfechter des irdischen Güter-Glücks, eingesponnen in

die fixe Idee rationaler Koordinierbarkeit aller Lebenserscheinungen, vermuten hinter derartigen Gedanken liturgischen Weihrauch, mit dessen Hilfe die Herrschenden Blick und Hirn der Unterdrückten zu vernebeln versuchen. Wer sich in metaphysischer Absicht angeblich höherer Ordnungen erinnere, der sei abgelenkt von den materiellen Klassenkämpfen des Tages und könne dementsprechend leicht beherrscht und manipuliert werden. Ob religiöse Riten, ob Stimulantien der Kunst oder andere festliche Schau- und Seelenspiele: dies alles erzeuge „unwürdige Räusche" und kennzeichne den repressiven Charakter jener Aufschwünge, die angeblich über den Menschen hinauswiesen. Entscheidend allein seien jedoch für den Menschen die gesellschaftlichen Verhältnisse, in denen er seine irdischen Tage verbringe, und diese Verhältnisse gälte es zu durchschauen und zu verändern. Infolgedessen müsse der schöne Schein des Höheren brutal als repressive Zwangsjacke entlarvt und durch die Trivialität des Alltäglichen ersetzt werden, um das kritische Bewußtsein der Gesellschaft angesichts der miesen Lebenszustände zu aktivieren.

Die Wirklichkeit der heutigen Lebenszustände scheint der materialistischen Opposition recht zu geben. Die Ausbeutung der sogenannten „höheren Werte" einschließlich der Sonn- und Feiertage zum Zweck kapitalistischen Konsum-Anheizens hat gigantische Formen angenommen. Rigoros werden die Wünsche des menschlichen Gemüts nach Besinnung, Erinnerung und Erhöhung umfunktioniert zu besinnungslosen Besitz- und Genußräuschen. Entsprechend entleert zu Freßorgien, Wochenendexpeditionen und Mattscheiben-Festivals, zu Show-Business und Fußballmatch empfehlen sich die Sonn- und Feiertage nur noch als Meilensteine auf dem Weg zum Herzinfarkt oder zum Leberschaden. Sie signalisieren in ihrer heutigen Erscheinungsform das Gegenteil dessen, was die Bibel in Übereinstimmung mit den ethischen Forderungen anderer Religionen forderte, nämlich: Du sollst den Feiertag heiligen. Denn nur in der „Heiligung" (im weitesten Sinn des Wortes) erschließt der Feier- und Festtag seinen Sinn und seine seelentherapeutische Kraft. Die Profanierung des Feiertags zu kleinbürgerlichen Saturnalien mit anschließendem Katzenjammer in Form von Verkehrstoten,

Bierleichen und Magenkrebs entspricht unmittelbar der materialistischen Gesinnung, die für die bestehenden Zustände wie für die Haltung der Kritiker, die sie monieren, gleichermaßen charakteristisch ist. Unter solchen Vorzeichen darf man sich nicht wundern über die widerlichen Folgen, die solche platten Feiertags-Vorstellungen zeitigen.

Ob einer derartigen Entwicklung durch Mißachtung der Feiertage oder gar deren Abschaffung widersprochen werden kann, muß angesichts der menschheitsgeschichtlichen Bedeutung festlichen Innehaltens bezweifelt werden. Gewiß: auch die entschiedene Verneinung einer sinnentleerten und in ihr Gegenteil pervertierten Institution vermag Erneuerungsprozesse auszulösen und damit menschlich-gesellschaftlich fruchtbar zu wirken. Aber die Verneinung darf ihr Ziel nicht allein auf die Liquidation morscher Ordnungen beschränken, sondern sie muß das Gegenbild dessen aufscheinen lassen, was sie verneint. Dieses Gegenbild jedoch wird hier, in unserem thematischen Zusammenhang, nur als eine Art puritanisch gereinigter Materialismus, nicht aber als neue Öffnung des Menschen zur göttlichen Offenbarung hin deutlich.

Materialismus jedoch, ob puritanisch oder konsum-entfremdet, ob sozialistisch oder kapitalistisch, kann den Menschen nie aus den irdischen Zwängen, Ängsten und Trostlosigkeiten erlösen, in die ihn das Dasein ohne Gott verbannt. Denn das Schaudern ist nun einmal, man mag es wahrhaben wollen oder nicht, der Menschheit bestes Teil. Goethe, der diese tiefgründige Erkenntnis kurz und treffend formulierte, gibt auch die Erklärung für diesen Sachverhalt. Am 23. Februar 1831, ein Jahr vor seinem Tod, äußert er zu Eckermann, er frage sich manchmal, ob Gott, „dieses höchste Wesen, Verstand und Vernunft habe". Und er gab sich selbst mit altersweiser Bestimmtheit die Antwort, indem er hinzufügte: „Ich fühle, es ist Verstand, es ist die Vernunft selber. Alle Geschöpfe sind davon durchdrungen, und der Mensch hat davon so viel, daß er Teile des Höchsten erkennen mag." Diese Fähigkeit des Menschen, „Teile des Höchsten zu erkennen", ergriffen und schaudernd zu erkennen, ist ein unabdingbares Element der Humanität. Begibt sich der Mensch dieser höheren Erkenntnis, indem er sein Interesse blindwütig auf die irdische Notdurft richtet, so liquidiert er das Humanum und die in ihm wohnende Freiheit. Mit Beschwörung der heilen Welt haben solche Überlegungen ebenso wenig zu tun, wie mit dem pastoralen Wort zum Sonntag. Vielmehr erinnern sie an die Ambivalenz des menschlichen Daseins zwischen Physik und Metaphysik, zwischen Körper und Geist, zwischen Materie und Energie, zwischen Schöpfung und Schöpfer. Namen sind auch hier Schall und Rauch. Ob theologisch, naturwissenschaftlich oder philosophisch definiert – alle diese Begriffspaare bezeichnen den gleichen Sachverhalt, nämlich die Polarität der sichtbaren und der unsichtbaren Welt, deren Spannung den Prozeß auslöst, den wir als Leben bezeichnen. Der Mensch ist die einzige Spezies des Planeten Erde, die bewußten Einblick in das Wirkgefüge des Lebendigen gewinnt und entsprechend auch die Zwienatur ihres Wesens zu erkennen vermag. Sie kann diese Einsicht seelisch und geistig nur dann bewältigen, wenn sie – und auch hier sei Goethe noch einmal beim Wort genommen – „das Unerforschliche ruhig verehrt", das heißt: wenn sie Seinsvertrauen beweist. Das Anrennen gegen die Zeit, die je schneller verrinnt, desto hektischer man sie einzuholen und zu verwalten trachtet, bringt nämlich keinen Daseinsgewinn, sondern verschleudert Leben. Der Wettlauf mit der Zeit macht das Leben unmenschlich, weil der Mensch keine Spanne mehr findet, sich zu erinnern und seine Seele in den Pulsschlag der Welt einzustimmen. Auch den Feiertag, diesen göttlichen Hiatus, verplant er, indem er ihn, statt ihn zu heiligen, verkonsumiert wie ein hastig hinuntergeschlungenes Steak. Alles, was das Leben erst lebenswert macht, das Festliche, die Ruhe des Gemütes und das besinnende Nachdenken – all das wird dem Moloch irdischen Kahlfraßes geopfert, und zwar bei einer mittleren menschlichen Lebenserwartung von rund 60 Jahren pro Individuum. Angesichts der Ewigkeit, die das Universum vergegenwärtigt, deutet solche Torheit auf den totalen Verlust jenes Schauders hin, den die Menschheit durch ihre Teilhabe an dieser Ewigkeit als Erbe durch die Jahrtausende ihres bewußten Daseins trug. Diesen Verlust als Fortschritt zu proklamieren, heißt: die Humanität und damit die Menschheit selbst aufzugeben. Da die Menschen den Feiertag nicht mehr zu heiligen verstehen, berauben sie sich einer Tröstung, die ihnen die Schöpfung in dem Zwiespalt zwischen Teufel und Gott zusprach. Was danach bleibt, das stiften auch die Dichter nicht neu, denn es ist das absolute Nichts.

28

Die Menschheit ist eine humoristische Rolle

Der Manierismus – das Kunstschicksal der Neuzeit

Wer kennt nicht jene sonderbaren Zustände, die nachts den Schläfer erschreckt hochfahren lassen? Jede Orientierung ist ihm genommen, das Geviert des Fensters erscheint verkantet, die Decke des Zimmers senkt sich herab, und im Dunkel lauert die Angst. Laut pochen die Herzschläge gegen die verkrampfte Brust, die Kehle ist trocken und verschnürt, und die Gliedmaßen lassen sich kaum bewegen. Erst allmählich löst sich der entsetzliche Bann, und die Sinne finden wieder Anhaltspunkte, an denen sie sich orientieren und die Beziehung zur vertrauten Umwelt wiederherstellen können.

Früher machten die Menschen für diese nächtlichen Schrecknisse Dämonen und Nachtmahre verantwortlich, heute hält die Medizin sachlichere Erklärungen bereit: sie spricht von Kreislaufpsychosen. Die Kreislaufpsychose, hervorgerufen durch eine unzureichende Durchblutung (und damit unzureichende Sauerstoffversorgung) des Körpers, insbesondere des Gehirns, stört auch die Funktionen der Sinnesorgane; es entstehen gleichsam Kurzschlüsse, die eine normale Wahrnehmung nicht mehr zulassen, sondern, zudem noch gefördert durch das abgedunkelte Zimmer, vertraute Gegenstände und räumliche Begrenzungen in eigenartiger Verzerrung anbieten. Salvadore Dali und Max Ernst haben in ihren Bildern den Vorgang der Raumverfremdung beklemmend dargestellt: im fahlen Licht einer unwirklich ausgekühlten Szenerie tauchen in surrealistischer Verknüpfung abgestorbene Symbole der wirklichen Welt auf: Uhren und leichenblasse Menschenkörper geben sich ein schauriges Stelldichein, ein aufgerissenes Auge starrt aus dem Bildgrund oder ein Menschenarm ragt aus der unabsehbaren Sandfläche einer eitrig schimmernden Wüste.

Nun wäre allerdings der Kurzschluß unhaltbar, die Bilder von Dali und Max Ernst zum Beispiel seien das Ergebnis von Kreislaufpsychosen oder Magenverstimmungen, von pathologischen Zuständen also, und sie verdienten die Verachtung der normalen und gesunden Staatsbürger, die sich vor Völlerei und unzuträglichem Lebenswandel hüten und daher nie unter Zweifeln an ihrer Umwelt leiden. Vielmehr erfaßt der Künstler weit sensibler als seine Zeitgenossen die vergleichsweise pathologische Situation einer Epoche und spiegelt sie in seinem Werk. Nicht der Künstler ist verantwortlich für das Zeitalter, in dem er lebt und schafft, sondern das Zeitalter determiniert seine Kunst. „Wann immer der Zweifel an einer harmonischen Weltordnung beginnt“, schreibt Marianne Thalheimer in ihrer Studie über ‚Romantik und Manierismus‘, „und das Mißvergnügen an Gesellschaft und Lebensformen sich einstellt, geht der Weg ins Problematische und Interessante, in Bereiche der Verwandlung und auch der Verdunklung. Nicht der Künstler erschüttert die Ordnung, er findet eine erschütterte Ordnung vor.“ Mit anderen Worten: wenn die Kunst unserer Tage Ergebnis von Kreislaufpsychosen zu sein scheint und unter Raumverfremdung leidet, wenn sie ihr Zutrauen zur Realität eingebüßt hat und neue, fremde Wege einschlägt, wenn die Dichter es ablehnen, Liebe auf Triebe und Sage auf Klage zu reimen, sondern das Stückwerk einer zerborstenen Wirklichkeit auf schockierend willkürliche Weise zusammenfügen, dann muß die Epoche dafür Vorwand und Anlaß bieten. Die Kulturkritiker vornehmlich laden Technik und Fortschrittsglauben als Angeklagte vor ihren Richterstuhl, sie brandmarken Wohlstandsgesellschaft und politische Ideologien als Kulturfeinde, die der Freiheit des Künstlers Beschränkung auferlegen und ästhetische Vexierbild-Praktiken herausfordern. Dennoch existiert das Problem, vor das sich der Künstler in der zweiten Hälfte des 20. Jahrhunderts gestellt sieht, nicht erst seit dem Vormarsch der modernen Technik, es wurde uns auch nicht allein vom späten oder vom frühen 19. Jahrhundert, also der bürgerlichen Epoche beschert, und es trat auch nicht erstmals mit dem Aufflammen der Französischen Revolution in das europäische Bewußtsein.

Das Problem ist zumindest vier- bis fünfhundert Jahre alt; genau genommen datiert es aus dem Jahr 1283, als im Hof von Westminster in London die erste öffentliche Uhr aufgestellt wurde. Der Glockenschlag dieser Uhr läutete gleichsam die Neuzeit ein, die historisch an jenem denkwürdigen Morgen des 12. Oktober 1492 beginnt, an dem der Genueser Christoph Kolumbus als spanischer Admiral den Boden der Neuen Welt betrat. Das Datum ist willkürlich gewählt für die Wegscheide der Zeiten; denn als nicht minder bedeutsam für die Jahrhunderte der Neuzeit erwiesen sich die Erfindungen des Schießpulvers, die Erfindung der Buchdruckerkunst oder die machtpolitische Konzentration der italienischen Stadtstaaten. Aber in überzeugend vereinfachter Symbolik einigten sich die Historiker auf diesen Tag, an dem Europa endgültig das Mittelalter verabschiedete und den biblischen Auftrag „Macht euch die Erde untertan!" mit Entschlossenheit und Energie, aber auch mit rücksichtloser Grausamkeit in die Tat umzusetzen begann.

Welche Rolle spielt in diesem Zusammenhang jedoch die Uhr von Westminster? Ihre Installation markiert ein verändertes Verhältnis des Menschen zur Zeit, und der Faktor „Zeit" liefert für die Erkenntnis der nachfolgenden Jahrhunderte bis auf den heutigen Tag einen wichtigen, wenn nicht sogar den entscheidenden Schlüssel. Jean Gebser gebührt das Verdienst, in seinem großangelegten, allerdings nicht immer widerspruchsfreien Werk ‚Ursprung und Gegenwart' auf diesen Sachverhalt mit gebührendem Nachdruck hingewiesen zu haben.

Ohne Zeit ist Leben unmöglich. Zeit ist Bewegung, und Bewegung ist Leben. Wo jedoch Zeit auftritt, gewinnt auch der Tod Macht. Ohne Tod kein Werden, ohne Vernichtung kein Entstehen. Das Tier, seinen Instinkten untertan, wird sich seiner Endlichkeit kaum bewußt. Es reagiert nach seinem Instinkt auf Verfolgung, Gefahr und Bedrohung primitiv durch Flucht oder durch Kampf. Sein Verlöschen beeindruckt die Spezies wenig. Der Mensch jedoch, zum Bewußtsein erwacht, erschauert vor dem Untergang. Dem Menetekel des Todes begegnet er durch Religion. Der Glaube verschafft seiner Existenz Geborgenheit im Ewigen. Der Mythos der Antike, die Frömmigkeit des Mittelalters überwanden den Sog der zerstörenden und gebärenden Zeit durch das Erlebnis des wirkenden Weltganzen. Vergangenheit, Gegenwart und Zukunft verschränkten sich zur Weltstunde, die sich dem Menschen als immerwährende Gegenwart erschloß. Am Schicksal der Gemeinschaft stärker interessiert als an der Vergänglichkeit des Einzelwesens, empfanden die Zeitgenossen früher Jahrhunderte die Nähe des Ewigen als Ausgleich für das Todesbewußtsein. Der Tod ließ jenen Zug des erbarmungslosen Lebensverneiners und nihilistischen Herolds vermissen, den ihm eine glaubenslose und radikal entmythisierte Gesellschaft später aufprägte. Der Faktor Zeit, dem Tod eng verwandt, trat kaum ins Bewußtsein. Weder Alexanders Züge noch Hannibals Marsch über die Alpen, weder Attilas Ritt nach dem Westen noch die Wanderungen der Goten – Ereignisse, denen wir heute in den Geschichtsbüchern mit Staunen folgen – sie hätten kaum stattgefunden unter dem Signum eines Zeitbewußtseins, das die Stunden skandiert oder sich gar der Devise „time is money“ verschreibt. Nur ein höchst naives, um nicht zu sagen: primitives Verhältnis zum Ablauf der Tage und Stunden konnte das Wagnis eingehen, den Marsch ins Ungewisse anzutreten.

Allerdings fuhr auch Kolumbus im Frühling 1492 ins Ungewisse, als er mit seinen Karavellen über den Ozean nach Osten segelte. Aber die Stunde von Westminster hatte bereits geschlagen; der kürzeste Seeweg nach Indien war zu erkunden, denn er versprach geschäftlichen Vorteil. Bevor er die Reise antrat, sicherte sich der kühne Seefahrer seine Provision: Admiralstitel und Rang eines Vizekönigs der entdeckten Länder, zehn Prozent aus den erwarteten Einkünften der spanischen Krone sowie Beteiligung an allen Handelsunternehmungen, die zur Ausbeutung der neu erschlossenen Gebiete gegründet werden – so lautete die ungeheuerliche Forderung des Kolumbus. Sie wurde ihm, wenn auch zögernd, gewährt. Unüberhörbar kündigt sich in dieser stolzen und zugleich habgierigen Kondition ein neuer Lebensstil an, der an die Stelle ritterlicher Tugend die Macht des Kapitals setzt. Er kennzeichnet zugleich das neue Verhältnis des Menschen zum Faktor Zeit.

In ‚Die Kultur der Renaissance in Italien' schreibt Jakob Burckhardt: „Im Mittelalter lagen die beiden Seiten des Bewußtseins – nach der Welt hin und nach dem Innern des Menschen selbst – wie unter einem gemeinsamen Schleier träumend oder halbwach. Der Schleier war gewoben aus Glauben, Kindesbefangenheit und Wahn; durch ihn hindurchgesehen erschienen Welt und Geschichte wundersam gefärbt, der Mensch aber erkannte sich nur als Rasse, Volk, Partei, Korporation, Familie oder sonst in irgendeiner Form des Allgemeinen. In Italien zuerst verweht dieser Schleier in die Lüfte; es erwacht eine objektive Betrachtung und Behandlung des Staates und der sämtlichen Dinge dieser Welt überhaupt; daneben aber erhebt sich mit aller Macht das Subjektive; der Mensch wird geistiges Individuum und erkennt sich als solches."

Der zur Individualität erwachte Mensch findet im frommen und bescheidenen Glauben keine Antwort auf die Fragen, die er an die Welt stellt. Er will die Kraft seines Geistes an der Wirklichkeit erproben und sich die Phänomene des Daseins durch rationales Begreifen unterwerfen. Nicht nach dem Unendlichen trachtet sein Sinn, sondern nach dem Endlichen, Diesseitigen, Materiellen, das durch beweisbare Formeln eingegrenzt und definiert werden kann. Die Zeit verliert ihre metaphysische Dimension, sie wird meßbar und läßt sich räumlich durch die Linien der Perspektive darstellen. Keine allgegenwärtige Weltstunde raunt mehr dem Menschen kosmische Geheimnisse zu; in das Licht des gliedernden Verstandes gehoben, offenbart der Faktor Zeit sein unheimliches Doppelgesicht: der Verfügungsgewalt der Ratio unterstellt, wird er zur mächtigen Waffe, geeignet, die Ausbeutung der Welt zu fördern. Zugleich aber verdeutlicht er dem auf seine eigene Existenz zurückgeworfenen und auf sich selbst angewiesenen Menschen mit nihilistischer Offenheit die Flüchtigkeit und Nichtigkeit seiner Erdentage. Entsetzt wird er gewahr, wie ihm die Zeit, die er irdisch begrenzt und dadurch scheinbar beherrscht, unter den Fingern zerrinnt und ihn mit dem Gefühl der Hoffnungslosigkeit quält. Umso energischer versucht er, seinen Erdentagen Glanz, Größe und Macht abzutrotzen und Besitz anzuhäufen, sich Genuß zu verschaffen; er versucht, die skandierte Zeit, die ihn durch das

Vorrücken des Minutenzeigers unaufhörlich an den Tod gemahnt, zu überlisten.

Der Qual des auf sich selbst zurückgeworfenen und vom Bewußtsein seiner Zeitlichkeit bedrängten Menschen versuchten um die Wende vom fünfzehnten zum sechzehnten Jahrhundert die Humanisten durch das Konzept einer enzyklopädischen Bildung entgegenzuwirken. Unter Berufung auf die griechisch-römische Antike entwarfen sie das exemplarische Bild eines überlegenen, seiner geistigen Kräfte bewußten und sich maßvoll zügelnden Menschen, der durch Einsicht und Reife des Denkens das Dasein meistert und sich neue Wirklichkeiten anstelle der zerbröckelnden Glaubenswelt des Mittelalters schafft. Die von den Humanisten angestrebte Erziehung des Menschengeschlechtes – dieser Gedanke gewinnt dreihundert Jahre später bei Wilhelm von Humboldt erneut zentrale Bedeutung – forderte zugleich eine Überprüfung und Revision der pädagogischen Methoden jener Zeit heraus: nach dem Willen der humanistischen Neuerer sollte der Unterricht dazu dienen, eine „wechselseitige Angleichung von Natur, Tugend, Schönheit, Vernunft, Antike und Christentum, auf ihr wahres Wesen reduziert" zu schaffen. Auf reale Erfahrung, auf Empirie – und weniger auf Glaube und Spekulation – gegründet, durch Gedächtnis abgesichert und durch Rhetorik gemeistert, sollte sich das Wissen verbreiten und würdig die antibarbarischen Anlagen des Individuums steigern im Sinne der römischen Virtus und der griechischen Kalokagathia.

Dieser pädagogische Entwurf des Humanismus bot nicht nur ein Äquivalent für das verblaßte Menschenbild des Mittelalters, sondern polemisierte zugleich auch gegen die materialistische Verflachung des Denkens, die sich im Zeitalter der Renaissance ankündigte und das Dilemma heraufbeschwor, an dem wir bis in unsere Gegenwart kranken – ein Dilemma, das wir der Individuation verdanken und dem Scheitern des humanistischen Bildungsideals, ein Dilemma, das sich als dialektische Antinomie fassen läßt: Kapital und Geist.

Das veränderte Verhältnis des Menschen zum Faktor Zeit bewirkte nämlich auch eine grundstürzend neue Einstellung des Individuums zu seiner Arbeit. Die rational meßbare Zeit, die in der Renaissance zur Entdeckung der Perspektive und damit zum Erlebnis des Raumes führt, fördert nämlich eine frühkapitalistische Entwicklung, die exemplarisch die ausbeuterische Nutzung menschlicher Arbeit in späteren Jahrhunderten vorbereitet und die heute im sozialen Wohlfahrtsstaat ihren grotesken, von der Automation überschatteten Kulminationspunkt erreicht. Arnold Hauser, der bereits in seiner umfangreichen ‚Sozialgeschichte der Kunst' die geistesgeschichtlichen Voraussetzungen gesellschaftlicher und wirtschaftlicher Phänomene kenntnisreich deutete, widmete in seinem Werk über den Manierismus speziell der Heraufkunft des Frühkapitalismus im Zusammenhang mit der kulturell-geistigen Entwicklung der Epoche erhöhte und faktisch-fündige Aufmerksamkeit. Er schreibt: „Die Akkumulation des Kapitals gehört, mit dem Zusammenbruch der mittelalterlichen korporativen Organisation der Wirtschaft, der Verschiebung der Berufstätigkeit der Unternehmer von der Industrie zum Handel und vom Warenhandel zu den Geldgeschäften, ja sogar mit der Verschärfung des Konkurrenzprinzips und der allmählichen Absorbierung der kleineren Betriebe durch die größeren, noch zu der mehr an der Oberfläche sich abspielenden und mehr oder weniger automatisch sich vollziehenden Entwicklung des Kapitalismus. Der wichtigste Wesenszug des modernen kapitalistischen Wirtschaftens, dessen erstes Hervortreten mit einer vollkommen neuen geistigen Einstellung verbunden war und keineswegs als die bloße Weiterentwicklung einer bereits früher in die Wege geleiteten Tendenz aufgefaßt werden kann, besteht im wirtschaftlichen Rationalismus. Auch dieses Prinzip gelangt erst im 16. Jahrhundert zu seiner vollen Entfaltung, wenn es auch seit dem 14. Jahrhundert unaufhörliche Fortschritte macht. An die Stelle des primitiven, mittelalterlichen Gewinnstrebens tritt nunmehr in einer ganz entschiedenen Form die Idee der Zweck-, Plan- und Rechnungsmäßigkeit. Der Unternehmungsgeist der Pioniere verliert allmählich seine ursprünglich romantischen, abenteuerlichen, freibeuterischen Züge; aus dem Eroberer, Abenteurer und Piraten wird ein Organisator und Rechner, ein vorsichtig kalkulierender und umsichtig disponierender Kaufmann. Nichts drückt den Wirtschaftsgeist, ja gewissermaßen die ganze Sinnesart dieser Zeit schärfer aus, als gerade die entmenschende Sachlichkeit, die den Arbeiter mit seiner Leistung, seine Leistung mit ihrem Geldwert – dem Lohn – gleichsetzt, die ihn, mit anderen Worten, zu einem bloßen Kalkulationsposten in der Bilanz von Investitionen und Erträgnissen, Gewinn- und Verlustchancen, Aktiven und Passiven werden läßt ...

Das 16. Jahrhundert bezeichnet aber hauptsächlich deswegen den Anfang des modernen Kapitalismus, weil das Finanzkapital erst jetzt zur Weltmacht wird, die sich über die Fürsten erhebt. Die politische Herrschaft wird zu einer Funktion des Kapitals; die Ideologie des Kapitalismus diktiert, wie immer es auch dei. einzelnen Kapitalisten ergeht, wie immer sie auch persönlich reüssieren." Soweit Hauser.

Die Diskrepanz zwischen bürgerlich-frühkapitalistischer Gesinnung und humanistischem Bildungsentwurf ist bestürzend. Sie wird kaum gemildert durch den Hinweis auf die großen künstlerischen und geistigen Leistungen jener Epoche, auf Leonardos universales Genie, auf Raffaels klassische Harmonie oder Michelangelos titanische Bildgebärde. Denn unüberhörbar kündigen sich hinter diesen Manifestationen des zu selbstbewußter Größe emporgewachsenen Individuums die Wetterzeichen einer abendländischen Dämmerung an: die Manieristen betreten die Bühne der Kunst.

Über den Manierismus als eigenständige Bewegung war bis in das 19. Jahrhundert hinein so gut wie nichts bekannt. Noch die vielgerühmte sechste Auflage von Meyers Konversationslexikon, erschienen zwischen 1902 und 1908, bietet unter dem Stichwort „Manier" nur allgemeine Worterklärungen, jedoch keine I iterpretation der Manieristen und ihrer ästhetischen Anschauungen. Erst Max Dvorak, der Wiener Kunsthistoriker, verwies 1924 in einem Sammelwerk kunsthistorischer Essays unter dem Titel ‚Kunstgeschichte als Geistesgeschichte' auf die offensichtlichen Parallelen zwischen manieristischem und expressionistischem Gestaltungswillen. Eine umfassende Darstellung des Manierismus in seiner folgenreichen Bedeutung für die geistige und schöpferische Haltung der letzten vierhundert Jahre blieb allerdings unserer Jahrhundertmitte vorbehalten: Gustav René Hocke lieferte die unentbehrliche Bestandsaufnahme des

Manierismus und seiner Folgen – eine Bestandsaufnahme, die durch die Fülle des vorgebrachten Materials fast erdrückt wird. Seitdem erinnert sich das 20. Jahrhundert mit zunehmender Faszination der Vorväter aus dem 16. Jahrhundert und widmet ihnen zum Teil recht aufwendige und ausführliche Interpretationen und Dokumentationen.

Die Autoren, ob sie Franzsepp Würtenberger, Fritz Baumgart, Dagobert Frey und Jacques Bousquet, Arnold Hauser oder Gustav René Hocke heißen – alle diese Autoren sprechen entgegen der bisher gültigen kunsthistorischen Chronologie der Renaissance nur Übergangscharakter zu und apostrophieren den Manierismus schlechthin als den Stil des späten 16. und des beginnenden 17. Jahrhunderts – als einen Stil, der die unheimliche Pathographie jener Epoche in Serpentinen und Fratzen, Perversionen und okkulten Visionen, in erotischer Ausschweifung und makabrer Grellheit nachzeichnet.

Aber wer sind diese Manieristen, und warum verdienen sie den Titel „Vorväter der Moderne"? Arnold Hauser notiert in seinem Werk über den Manierismus: „Die Tatsache, daß es unter den Intellektuellen, namentlich unter den Künstlern, auf einmal so viele Neurotiker gibt, daß die Skepsis zu einer Zeiterscheinung und die Melancholie zu einer Modekrankheit wird ..., kann richtig nur verstanden werden, wenn man sie als Symptom der Entwicklung betrachtet. Denn die Menschen haben infolge der Auflösung der alten Bindungen, der alten Interessen- und Geistesgemeinschaften auch das alte Sekuritätsgefühl verloren, sie sind in der neuen Welt der allgemeinen, obwohl relativen Freiheit zugleich in eine Welt des allgemeinen Wettbewerbs gestellt und werden von einer Lebensangst ergriffen, vor der sie sich durch Fluchtversuche aller Art zu retten trachten. Es geschieht jetzt zum ersten Mal, daß sie sich von einem Erfolgsstreben getrieben fühlen, das nicht, wie die Knute ihrer Sklavenhalter oder Feudalherren, von Zeit zu Zeit auf ihren Rücken niedersaust, sondern sie beständig in Atem hält."

Der Künstler, als Individuum aus der Reihe mittelalterlicher Handwerksmeister in den Stand eines schöpferischen, selbstherrlichen Halbgottes erhoben, sieht sich plötzlich in den kapitalistischen Wirtschaftsprozeß von Handel und Profit, Wettbewerb und Ausbeutung eingegliedert; er muß sich in diesem Prozeß durch die Sensation seiner Ware, das heißt: des von ihm geschaffenen Kunstwerks konkurrenzfähig halten – zumal er nicht mehr im Auftrag einer Gemeinschaft für eine Gemeinschaft seine Werke entwirft, sondern für den kleinen Club einer finanzkräftigen Elite, die ihre Amüsements, vor denen sie eigentlich erschrecken müßte, fürstlich honoriert.

Den sozialen Antagonismus, der den Zusammenstoß von kapitalistisch-abstraktem Denken und künstlerischem Wollen widerspiegelt, definiert Arnold Hauser durch den Begriff der „Entfremdung" – durch einen Begriff also, der auch in der Gesellschaftstheorie von Karl Marx eine wesentliche Rolle spielt. Er entspringt der richtigen Erkenntnis, „daß der Warencharakter der Arbeitsprodukte die Grundformel der dem Menschen entfremdeten Welt darstellt".

Demnach muß der Künstler, da ihm das Verhältnis zu dem Ergebnis seiner Arbeit problematisch geworden ist, neue Maßstäbe für sein Handeln suchen und finden. Lautete die Hauptfrage der Ästhetik in der Renaissance „Wie stellt der Künstler richtig dar?", so fragt sich das schöpferische Individuum um die Mitte des 16. Jahrhunderts „Wie ist das künstlerische Schaffen als geistige Haltung möglich?" Die Antwort ist ein Protest gegen das Zeitalter und seine Ideale: verzerrt präsentiert sich die Welt, gesehen durch die subjektive Brille der Künstler, die in den Objekten der Wirklichkeit keine Korrespondenz finden. „Die Überraschungseffekte sollen nicht nur verblüffen und beunruhigen, sondern auch zum Ausdruck bringen, daß man sich unter den Dingen dieser Welt nicht zu Hause fühlt und sich nicht mit ihnen befreunden kann" (Hauser).

Aus diesem manieristischen Dilemma hat die Kunst bis auf den heutigen Tag keinen befriedigenden Ausweg gefunden. Höhepunkte des Barock (Balthasar Neumann, Bach), des Rokoko (Watteau, Mozart) und der Klassik (Goethe, Schiller) täuschen kaum über die geistige Not der Epochen hinweg, sich in einer entgötterten Welt häuslich einrichten zu müssen. Form-Dynamik und ästhetische Schnörkel, die Faszination des Stils und Tiefe des Ausdrucks erscheinen vor dem dunklen Hintergrund einer bis dahin kaum gekannten Todesahnung. Auf sich selbst zurückverwiesen, muß sich das schöpferische Individuum durch die Chiffre der Kunst behaupten. Gottfried Benn spricht in diesem Zusammenhang von der „formfordernden Gewalt des Nichts".

Die Künstler des Manierismus traf der Anruf des Nichts wie eine heftige, toddrohende Krankheit. Die Realität hält nicht mehr stand. Ihrer zeitlosen Dimension beraubt und in Zeit-Segmente von meßbaren Minuten und Sekunden aufgeteilt, entleert sie ihren ewigen Sinn, sie entartet zu einem materiell faßbaren Phänomen. Damit aber kann und will sich der Künstler, dessen Werk auf die Resonanz der Seele angewiesen ist, nicht begnügen. Er bricht aus dem Wirklichen aus, er verhöhnt es und treibt mit ihm seine tödlich-verzweifelten Späße. Archimboldo fügt die von ihm gemalten Porträts aus Elementen der Fauna und Flora zusammen, El Greco verzerrt die Leiber zu ekstatischen Serpentinen und sprengt die Harmonie der Farben durch aschgrau-flammende Expressivität; Fratzen starren aus dem Laub der fürstlichen Gärten, und Labyrinthe narren den friedlichen Spaziergänger und versetzen ihn in Furcht. Lemuren und Fabelwesen bevölkern die Bilder, der Blick ergötzt sich an Folterungen und fahlen Traumlandschaften, aus denen die Angst aufbricht. Ein Pandämonium der menschlichen Phantasie, der Willkür des Intellekts unterworfen, offenbart sich in absurden Erscheinungen, deren künstlerische Ausdruckskraft zugleich erschreckt und fasziniert.

Die „Krisenkunst" des Manierismus korrespondiert mit der „Krisenkunst" unserer Tage, die, inmitten eines gewaltigen technischen Fortschritts und einer erbarmungslosen Allkonkurrenz, der schöpferischen Aussage des Menschen noch einen Platz zu sichern sucht – einen Platz, der ihr bereits im frühen 16. Jahrhundert vom kapitalistischen Denken streitig gemacht wurde.

Die Lage hat sich in vierhundert Jahren ungemein verschärft. Oft sind die Grundlagen des 20. Jahrhunderts erörtert und in dickleibigen – oft sensationellen – Wälzern beschrieben worden. Der Mythos des Blutes wurde bemüht und die nordische Rasse, der Untergang des Abendlandes wurde beschworen und der Geist als Widersacher der Seele gebrandmarkt. Moeller van den

Bruck verkündete das Dritte Reich und Toynbee schrieb seine Studie zur Weltgeschichte – aber erst jetzt erfährt dieses 20. Jahrhundert den Ursprung seiner Nöte und Leiden, seiner Exaltationen und Widersprüche, seiner bitteren Verklemmung zwischen Geld und Geist: das Bewußtsein der meßbaren Zeit peitscht das Gewinnstreben und den harten Wettbewerb zu Höchstleistungen empor; time is money. Vereinsamt und zum Manierismus verdammt steht der Künstler beiseite, indes der Geist von der Woge des Wohlstandes überrollt wird. Zwar hat unsere Epoche den Begriff der Freiheit auf ihr Panier geschrieben, aber de facto feiert die Sklaverei fortschrittliche Orgien. Kunst, sagte einst Franz Kafka, ist „Heraustreten aus der Totschlägerreihe". Vielleicht bietet in dieser verzweckten und verwalteten Epoche die manieristische Hanswurstiade die einzige Möglichkeit, den Schritt aus der Reihe der Totschläger zu wagen, vielleicht kann der Künstler nur noch als Hofnarr der modernen Gesellschaft unter dem Schellenmantel des Unsinns und des Absurden seine Wahrheiten verkünden.

„Dichten", notiert Gustav René Hocke, „hat im 17. Jahrhundert vielfach wenig mehr mit dem klassischen Mit-teilen zu tun. Dichten heißt in erster Linie ästhetisches Wirken durch sprachliche Kombinationen ... Das Mittel der Mitteilung, die Sprache, der Buchstabe, das Wort, die Metapher, der Satz, die Periode, die lyrische Sinnfigur – italienisch: ‚concetto' – werden autonom. Es wird auf ihren ursprünglichen Funktionswert verzichtet." Das Wirkliche wird von den Manieristen nur noch relativ wahrgenommen und angezweifelt. All Ding ist zweierlei, bekennt Sebastian Franck, der barocke Autor des ‚Narrenschiffs', und „nichts ist, das nit zwei oder zwiefach Ansehn hat". Von hier zu den Manieristen von gestern und heute ist nur ein Schritt. „Es können Augenblicke kommen", notiert Novalis in seinen Fragmenten, „wo ABC-Bücher uns poetisch erscheinen." Diese Augenblicke sind in der Lyrik unserer Tage nicht selten. Eines der großartigsten, vexierbildhaft verschlüsselten, mit Assoziationen und Bildungsfetzen angereicherten ABC-Bücher der Poetik lieferte der Amerikaner Ezra Pound, in dessen Oden sich abend- und morgenländisches Geisteserbe additiv mit dem Slang der technischen Welt verschränkt.

Aber nicht nur bei Ezra Pound, sondern allenthalben finden wir die Zeichen des Unbehausten in der modernen Literatur: bei Grass und bei Heißenbüttel, bei Enzensberger und Majakowski, bei Apollinaire und Saint-John Perse, von James Joyce bis Robbe-Grillet, bei Butor und Nathalie Sarraute, bei Beckett, Schehadé und Ionesco, bei Dylan Thomas und Gottfried Benn, von der allerjüngsten Lyriker-Generation ganz zu schweigen. Mit allen Fasern ihres Denkens und Fühlens wehren sich die Autoren gegen die rationale Begreifbarkeit und Verwertung ihrer poetischen Evokationen. Sie wehren sich gegen die kapitalistische Gesinnung, die ihr Interesse auf Verwertbarkeit und Rentabilität richtet und die auch im Kunstwerk die ausbeutbare Realität einer materiell faßbaren Umwelt wiederzufinden wünscht. Sie opponieren gegen die Endlichkeit der Perspektive und deformieren das Anschaubare, verzerren das kulinarisch Genießbare, verfremden das Gewohnte und höhnen das Sinnvolle, um die Selbstgefälligkeit menschlicher Wahrnehmungsroutine zu äffen. Sie haben kein Zutrauen mehr zu den Objekten, sondern handeln nach dem Wort des Novalis: „Genie ist das Vermögen, von eingebildeten Gegenständen wie von wirklichen zu handeln, und sie auch wie diese zu behandeln. Das Talent, darzustellen, genau zu beobachten, zweckmäßig die Betrachtung zu beschreiben, ist als vom Genie verschieden ..."

Die manieristische Polemik des Künstlers, die Chiffrierung der Kunst, das virtuose, effektvoll schockierende Vexierspiel trägt allerdings das schöpferische Kainszeichen der Krise. Im 16. Jahrhundert förderten die Manieristen das snobistische Bedürfnis des Adels nach Exklusivität. Die Verschlüsselung des Kunstwerks, die Raffinesse des Stils und die Nuance des Ausdrucks setzten Geschmack, Wissen und Bildung voraus: nur der Eingeweihte durfte sich des sublimen Genusses erfreuen und konnte die Formspielereien enträtseln.

War Kunst bis in das Mittelalter Bestandteil des gesellschaftlichen Zusammenlebens wie Religion oder die Angelegenheiten des Staates, so tat sich seit der Renaissance zwischen Künstler und Publikum eine unheilvolle Kluft auf. „Rätselweisheit, oder die Kunst, die Substanz unter ihren Eigenschaften zu verbergen" – so definiert der schon mehrfach als ästhetischer Kronzeuge aufgerufene Novalis um die Wende vom 18. zum 19. Jahrhundert das Programm einer zukünftigen Kunst und Poesie. Hundert Jahre später verwirklichten Wassilij Kandinsky und Paul Klee diesen ästhetisch-philosophischen Entwurf bis zur äußersten, fast schon nicht mehr darstellbaren Konsequenz: die Eigenschaften der Substanz enthüllten im Werk dieser Maler nachdrücklich ihr formales Selbstbewußtsein und kristallisierten zu pointierten, aber austauschbaren Kennworten des Geistes.

Schon die Künstler des Manierismus konnten der Versuchung leerer Formspielerei nicht widerstehen und betrieben das Arrangement des Widersinnigen und Absurden wie ein unterhaltsames und zugleich unverbindliches Puzzle-Spiel. Wo alles möglich ist und nur das Kriterium des virtuosen Effektes gilt, darf auch die Scharlatanerie auf Nachsicht und Bewunderung hoffen. Die allgemeine Relation, die Entwertung der Werte und die allzeitbereite Toleranz eines intellektuellen Publikums bietet auch dem minder talentierten Wortkonstrukteur reichlich Gelegenheit, sein bescheidenes Lichtlein unter dem Scheffel hervorzuholen und es wie einen poetischen Weihnachtsbaum aufleuchten zu lassen.

Kehren wir jedoch zu dem Ausgangspunkt unserer Betrachtung, kehren wir zum Faktor Zeit zurück. So verstiegen und exklusiv, so exzentrisch und faxenhaft bis zur Scharlatanerie sich die Manieristen auch der Verkehrung der Welt ins Absurde, Vieldeutige und melancholisch Verfremdete widmen – *ein* Ziel verlieren sie, bewußt oder unbewußt, nie aus dem Gedächtnis: die Wiederherstellung der poetischen, der mythischen Weltstunde. Sie wehren sich gegen die Skandierung der Minuten, sie wehren sich gegen das Meßbare und Eingegrenzte, und sie möchten die Allgegenwart menschlichen Erlebens durch das Medium der Kunst wiederherstellen. Sie erkennen den Stundenschlag der Uhr von Westminster nicht an, auch der kürzeste Seeweg nach Indien ist ihnen gleichgültig; im Narrenkleid führen sie die Equilibristik ihrer Verse und vertrackten Erzählungen, ihre Bilder und Töne vor als Blinkzeichen zum Unendlichen – und dieser Aspekt verleiht auch den verstiegensten Schöpfungen manieristischer Gesinnung, ob sie nun aus dem 16., dem 17. oder dem 20. Jahrhundert stammen, den Schimmer des

Außerordentlichen und Bewegenden, dem wir unsere aufmerksame Zuneigung kaum versagen dürfen. Auch der verzweifelten Vergeblichkeit gebührt Achtung, und das Gelächter schmerzlicher Enttäuschung schneidet in Ohr und Herz.

Können Dichter die Welt verändern? fragte 1925 der Berliner Rundfunk den Dichter Gottfried Benn. Er antwortete: „Autonomien! Es arbeitet hier, um ein Schillersches Wort zu gebrauchen, die regellos schweifende Freiheit am Bande der Notwendigkeit. Diese Notwendigkeit aber ist transzendent, nicht empirisch, nicht materiell, nicht opportunistisch, nicht fortschrittlich. Sie ist die Ananke, sie ist das Lied der Parze: aus Schlünden der Tiefe gerechtes Gericht. Sie ist das Geheimnis des Denkens und des Geistes überhaupt. Sie trifft nur wenige, und Dichter und Denker sind in ihrer letzten Form vor ihr identisch. Wie jene Skulptur von Rodin: der Denker, die über dem Eingang zur Unterwelt steht, ursprünglich der Dichter hieß, ihnen beiden gilt der Spruch am Sockel des Steins: der Titan versunken in einen schmerzlichen Traum. Wie ihnen beiden das gar nicht zu übertreffende Bild von Nietzsche in seinem Aufsatz ‚Die Philosophie im tragischen Zeitalter der Griechen' gehört: ‚keine Mode kommt ihnen hilfreich und erleichternd entgegen'; ein Riese, schreibt er, ruft dem anderen durch die öden Zwischenräume der Zeiten zu und ungestört durch mutwilliges lärmendes Gezwerge, welches unter ihnen wegkriecht, setzt sich das hohe Geistergespräch fort."

Fünfhundert Jahre schöpferische Qualen, Irrwege und Enttäuschungen, fünfhundert Jahre auf dem Weg zu einer neuen Kunst, fünfhundert Jahre auf dem Weg zu dem von Jean Gebser fixierten aperspektivischen Zeitalter, fünfhundert Jahre das Schellengeklapper poetischer Harlekins, fünfhundert Jahre Gelächter und Tränen, fünfhundert Jahre das große Gespräch der Geister – man ist versucht, dem bitteren Wort des Novalis zuzustimmen, das er in sein Notizheft schrieb: „Die Menschheit ist eine humoristische Rolle."

Beck'sche Schwarze Reihe

Eine Auswahl

1 *Theologie heute.* 14 Vorträge aus der Sicht der beiden Konfessionen. 4. A. 220 S. DM 9.80

2 F. Gollert, *Dibelius vor Gericht.* 2. A. 201 S. DM 9.80

3 G. Anders, *Der Mann auf der Brücke.* Tagebuch aus Hiroshima und Nagasaki. 2. A. 244 S. DM 9.80

5 E. Preiser, *Nationalökonomie heute.* Einführung in die Volkswirtschaftslehre. 10. A. 139 S. DM 7.80

8 *Theologen unserer Zeit.* 12 Beiträge. 3. A. 264 S. DM 9.80

9 K. A. Horst, *Das Spektrum des modernen Romans.* 2. A. 182 S. DM 8.50

14 Dan Kurzman, *Japan sucht neue Wege.* 352 S. DM 12.80

15 *Der Sinn der Geschichte.* 7 Essays. 4. A. 135 S. DM 6.80

16 E. Franzen, *Formen des modernen Dramas.* 2. A. 189 S. DM 9.80

19 L. Pesch, *Die romantische Rebellion* in der modernen Literatur und Kunst. 227 S. DM 9.80

20 R. Tucker, *Karl Marx.* Die Entwicklung seines Denkens von der Philosophie zum Mythos. 360 S. DM 9.80

21 G. Anders, *Kafka – Pro und Contra.* Die Prozeßunterlagen. 3. A. 110 S. DM 6.80

22 *Die Idee des Fortschritts.* 9 Vorträge über Wege und Grenzen des Fortschrittsglaubens. 237 S. DM 9.80

26 H. Lipfert, *Einführung in die Währungspolitik.* 5. A. 348 S. DM 12.80

27 G. Anders, *Wir Eichmannsöhne.* Offener Brief an Klaus Eichmann. 76 S. DM 4.80

28 H. Richtscheid, *Philosophieren tut not.* 2. A. 137 S. DM 9.80

29 B. Delfgaauw, *Teilhard de Chardin und das Evolutionsproblem.* 3. A. 132 S. DM 8.80

32 *Adenauer und die Folgen.* 17 Vorträge. 259 S. DM 11.80

33 J. Robinson, *Doktrinen der Wirtschaftswissenschaft.* 2. A. 181 S. DM 8.80

34 *Das Menschenbild in der Dichtung.* 7 Essays. 2. A. 203 S. DM 9.80

35 R. Zippelius, *Das Wesen des Rechts.* 2. A. 199 S. DM 8.80

36 G. Anders, *Philosophische Stenogramme.* 150 S. DM 6.80

37 H. Richtscheid, *Existenz in dieser Zeit.* 169 S. DM 8.80

38 M. Hochgesang, *Mythos und Logik im 20. Jahrhundert.* 2. A. 162 S. DM 8.80

40 T. B. Bottomore, *Elite und Gesellschaft.* 2. A. 178 S. DM 9.80

41 *Arzt und Recht.* Medizinisch-juristische Grenzprobleme unserer Zeit. 5 Beiträge. 209 S. DM 9.80

42 G. Barraclough, *Tendenzen der Geschichte im 20. Jahrhundert.* 2. A. 295 S. DM 11.80

44 *Die Gesellschaft der nächsten Generation.* 6 Beiträge. 2. A. 173 S. DM 9.80

45 Ch. Perelman, *Über die Gerechtigkeit.* 168 S. DM 9.80

46 L. Diez del Corral, *Asiatische Reise.* 264 S. DM 11.80

47 *Die deutsche Strafrechtsreform.* 10 Beiträge. 196 S. DM 10.80

48 H. Coing, *Epochen der Rechtsgeschichte in Deutschland.* 2. A. 140 S. DM 8.80

49 A. Buchan, *Der Krieg in unserer Zeit.* Wandlungen und Perspektiven – Politik, Strategie und Technik – Gefahren und Kontrolle. 228 S. DM 10.80